KB187383

습관은
반드시 실천할 때 만들어집니다.

영어 잘하는 사람들의 작은 습관

라이언

지음

좋은습관연구소

영어 공부 오해 9가지

CONTENTS

Chapter 2

영어 공부
작은 습관
6가지

영어 공부
오해
9가지

이 책을 선택한 당신은 영어를 사랑합니다. 영어와 함께 하루를 시작하고 싶어 새벽반 학원 강의를 듣고, 영어에게 'A'를 붙여주고 싶어서 밤샘 벼락치기를 하기도 하고, 자연스럽게 영어를 말하고 싶어서 문장마저 통째로 암기하기도 합니다. 영어를 매일 데리고 다니고 싶어 몇 달 치 용돈을 모아 영어 잡지를 구독하고, 목소리를 듣고 싶어 창피함을 무릅쓰고 길에서 마주치는 원어민에게 말을 걸어보기도 합니다. 영어와 친해지기 위해서 당신은 이렇게까지 노력하는데 정작 영어는 당신에게 쉽게 마음을 열지 않는 것 같습니다. 오히려 당신보다 시간적, 경제적 투자를 하지도 않고, 무엇보다 영어에 대한 열정이 없어 보이는 친구와 더 가까운 것 같아 속상하고 질투가 납니다. 영어가 나를 멀리한다는 생각에 내가 작게만 느껴져 차라리 영어와의 지난 관계를 청산하고 중국어와 새로운 사랑을 시작해볼까 고민하기도 합니다.

당신은 영어를 사랑합니다. 하지만 지금까지 당신의 영어 사랑은 짝사랑일 뿐입니다. 영어가 진짜 누구인지, 어떻게 하면 친해질 수 있는지 모른 채 당신의 방식으로만 영어를 일방적으로 좋아하고 있었습니다. 영어에 대한 당신의 애정이 나 혼자만의 짝사랑이 되지 않도록 하기 위해서는 당신이 지금까지 고수했던 '영어를 좋아하는 방법'을 바꾸어야 합니다.

지금까지 당신이 '영어를 좋아했던 방식'은 '영어가 이럴 것이다'라는 막연한 생각에서 비롯된 것들입니다. 이번 장에서는 우리나라 영어 학습자들이 가지고 있는 영어에 대한 고정관념을 알아보고 그 생각들을 어떻게 바로잡아 나가야 하는지 이야기해보려고 합니다.

내 이야기를 하는 것 같아 마음이 다소 불편할 수도 있겠지만 영어와 제대로 된 사랑을 나누기 위해서는 꼭 필요한 과정이니 끝까지 읽어주시기 바랍니다.

1. 원어민처럼 영어를 할 수 있다?

이 책이면 원어민처럼 영어를 할 수 있다.

원어민들만 알고 있는 영어 표현.

한 달 만에 미국 유치원생들만큼 영어를 할 수 있다.

시중에 나와 있는 영어 교재들이 자주 사용하는 홍보 문구들입니다. 책 한 권으로 원어민이 될 수 있다는데 혹하지 않을 소비자가 어디 있겠습니까? 하지만 영어 교재들을 열심히 공부해도 아니 백 권을 읽어도 우리는 절대 원어민처럼 영어를 할 수 없습니다.

TV에 출연하는 외국인 중 한국어를 유창하게 하는 이들이 있지만, 자세히 들어보면 그들이 구사하는 한국말은 일반 한국인들이 구사하는 한국말과는 다소 차이가 있습니다. 억양이나 발음, 적절한 단어의 사용 등에서 어쩔 수 없는 어색

함이 있습니다.

우리가 공부하는 영어도 마찬가지입니다. 아주 어린 시절부터 외국 생활을 하면서 자연스럽게 영어를 체득한 경우가 아니기 때문에 원어민과 똑같은 영어는 할 수 없습니다. 다시 말해 학습을 통해서 원어민처럼 되는 데는 한계가 있습니다.

국내에서만 영어를 학습한 소위 '국내파' 중에서 정말 영어를 잘하는 사람들도 있다고 반박하실 수 있습니다. 영어 통역 대학원에 진학하는 학생들을 봐도 국내파들의 수가 더 많으니까요. 하지만 그들은 영어를 직업으로 선택했기 때문에 여러분과는 비교할 수 없을 만큼 많은 시간을 영어 공부에 할애합니다. 그렇기 때문에 영어를 원어민과 비슷하게 합니다. 또한 그들의 타고난 언어적인 재능도 무시할 수 없고요.

여기서 말하는 '잘한다'라는 기준도 우리가 어떻게 정하느냐에 따라 달라집니다. 영어가 능통하지 않은 사람의 눈으로 봤을 때는 정말 잘하는 사람도 원어민이 보기에는 '외국인치고 영어를 잘하는 사람'으로 생각될 수 있습니다. 마치 한국말을 잘하는 외국인 연예인처럼 말이죠. 저도 영어를 정말 잘하는 사람이라고 자부하고 있지만, 영어책을 집필할 때마다 스스로 원어민의 감수를 받습니다. 감수를 받을 때 제가 자주 지적받는 부분은 문법적으로는 맞는데 이렇게 쓰면 어색하다는 것과 이 표현은 이 상황에서 잘 맞지 않는다는 것입니다.

제가 아무리 열심히 공부해도 이런 미묘한 차이는 원어민이 아니고서는 알기 어렵기 때문에 약간 억울할 때도 있습니다. 하지만 나의 검은 눈을 파란색으로 바꿀 수 없는 것처럼 내가 100% 원어민처럼 영어를 할 수 없다는 것을 인정하면 완벽하게 영어를 해야겠다는 부담감에서 벗어나 편한 마음으로 영어를 공부할 수 있습니다. 그래서 저는 여러분께 원어민처럼 완벽한 영어를 구사하라고 말씀드리는 것 대신 원어민이 하는 영어를 흉내 내라고 말씀드리고 싶습니다.

원어민의 발음을 반복해서 듣고 비슷하게 흉내 내는 것이 발음 연습이고, 원어민이 쓴 문장을 비슷하게 카피해서 쓰는 것이 바로 영작 연습이며, 유명인의 연설을 들으면서 억양과 감정을 살려 따라 하는 것이 바로 스피치 훈련입니다. 어떻게 보면 영어 공부는 원어민처럼 흉내 내기를 얼마나 잘 해내는가를 연습하는 것과도 같습니다. 그러니 '원어민처럼 만들어 주겠다'는 허위 광고에는 속지 마십시오.

2. 발음이 좋아야 한다?

　영어 공부가 원어민의 말을 잘 흉내 내는 것이라고 말씀드렸지만 아무리 열심히 따라 해도 안 되는 부분이 있습니다. 그중 발음은 성인 영어 학습자들이 극복하기에 가장 힘든 영역입니다. 문법, 단어, 듣기 등은 꾸준한 학습을 통해서 해결할 수 있지만, 발음은 아무리 많은 시간과 노력을 투자해도 뛰어넘을 수 없는 한계가 분명히 존재합니다. 고향이 대구인 사람이 아무리 서울에서 20년을 살아도 말투에 사투리가 묻어 나오는 것과 같은 이치입니다.

　하지만 발음이 나쁘다고 해서 영어를 못하는 것은 아닙니다. 그 이전에 무엇이 좋은 발음이고, 무엇이 나쁜 발음인지를 명확하게 규정하기도 어렵습니다. 미국인처럼 [r] 발음을 잘한다고 해서 반드시 좋은 발음을 가졌다고 할 수 없고, 한국인 특유의 발음이 묻어난다고 해서 영어를 못하는 것도 아닙니다.

　영어 발음 논란이 있을 때마다 자주 등장하는 반기문 전 UN 사무총장 역시 한국 토종의 영어 발음을 가지고 있습니다. 하지만 그가 토종 발음을 한다고 해서 그의 영어 능력이나 연설 능력을 무시하는 사람은 아무도 없습니다.

　영어는 미국말 혹은 영국말이 아닌 전 세계 사람들이 사용하는 공용어가 된 지 오래입니다. 남미인들이 사용하는 히스패닉 영어, 중국 사람들이 사용하는 중국 영어, 인도인들이 사용하는 인도 영어를 이해하지 못하면 미국에서 의사소통을 제대로 할 수 없을 정도입니다. 미국에서 생활하다 보면 자기 나라 특유의 발음으로 영어를 당당하게 사용하는 이민자들을 쉽게 만날 수 있습니다. 저도 처음에 이들의 영어를 이해하는 데 어려움이 있었습니다. 특히 인도의 전화 영어는 최고 난도의 영어 듣기 문제를 푸는 것보다 더 힘이 듭니다. 하지만 미국인들은 이들의 영어를 기통차게 알아듣습니다.

　중요한 것은 '발음을 원어민처럼 잘해야겠다'가 아니라 내가 하려는 말을 '당당하고 자신 있게' 전달하려는 자세입니다. 발음이 아무리 좋아도 주눅이 든 목소리로는 아무도 당신에게 관심을 두지 않습니다. 그러니 내 영어 발음이 해외

파 친구들과는 다르게 한국적인 느낌이 있다고 해서 의기소침하지 마십시오. 상대의 영어 억양에서 경상도, 전라도 사투리가 느껴진다고 해서 그들의 영어를 무시하지도 마십시오. 그리고 내 영어 발음이 좋다고 해서 영어를 잘한다고 생각하지도 맙시다. 아무리 발음이 근사하게 들려도 올바른 문장 구조와 적절한 영어 단어를 선택하지 못하면 아무도 당신의 영어를 이해할 수 없으니까요. 영어 발음은 영어의 극히 일부에 지나지 않습니다.

3. 영어는 '열공' 해야 한다?

국·영·수

우리나라에만 존재하는 단어로 우리가 별로 반기지 않는 친구입니다. 저는 이 단어만 들으면 몸이 긴장되고 빨리 책상으로 돌아가 책을 펼쳐야 할 것 같은 막연한 불안감이 있습니다. 물론 저만 그런 건 아니겠죠. 이 숨 막히는 단어 중간에서 '영어'가 당당하게 센터 역할을 하고 있어서인지, '영어'라고 하면 책상에 진득하게 앉아서 열심히 공부해야 하는 과목으로 생각하는 분들이 많습니다. '영어 완전 마스터', '영어 문법 떼기', '단어 30일 만에 부수기' 등의 표현이 등장하는 것도 영어는 '빨리 떼고 다시는 보고 싶지 않은 과목'이라는 인식 때문일지도 모릅니다. 하지만 영어는 상처가 아물면 빨리 떼고 싶은 반창고가 아닙니다. 반짝 열심히 공부해서 지식을 암기하는 공부 과목은 더더욱 아닙니다.

저는 영어가 음악, 미술, 체육처럼 약간의 이론을 익히고 나머지는 몸으로 직접 경험하며 익히는 예체능 같은 과목이라고 주장합니다. 내가 좋아하는 영어 자료를 눈으로 보고, 귀로 듣고, 입으로 말하면서 나에게 어울리게 만드는 것. 이것이 바로 진짜 영어 공부입니다. '영어 공부한다'를 영어로 표현할 때 대부분의 한국 사람들은 'I study English.'라고 합니다. 하지만 유럽 등지에서는 'I am learning English.'라고 하는 경우가 많습니다.

'study'에는 '열공'을 한다는 의미가 있습니다. 책상에 앉아서 단어를 암기하고, 문법도 이해하고, 책을 열심히 읽는 등의 활동이 대표적인 'study' 방법입니다. 이에 비해 'learn'은 상위 개념의 공부입니다. 책상에 앉아서 지식만 파헤치는 게 아니라 직접 부딪히고 경험하면서 습득하는 총체적인 활동이 바로 'learn'입니다. 어떻게 보면 'learn'은 단지 시험을 위해서만 공부하는 게 아니라 내가 즐거워서, 내가 더 현명해질 수 있어서 하는 공부라고 할 수 있습니다.

해외 경험 없이 영어를 한국에서만 공부한 국내파 영어 능통자들의 공통점은 영어를 단지 'study'만 하지 않고

'learn' 하면서 즐기려고 했다는 것입니다. 솔직히 고백하자면 저는 고등학교 때 영어 수업 시간을 그리 좋아하지 않았습니다. 쓸데없이 너무 'study' 할 것들이 많았거든요. 이상한 문법들도 많았고, 선생님들은 왜 그렇게 동의어와 반의어를 칠판에 잔뜩 쓰면서 가르쳐 주셨는지. 하지만 대학교에 들어가 미드를 보고 내가 좋아하는 영어 원서도 읽으면서 영어를 'learn' 하다 보니 영어가 더 좋아졌고, 영어를 접하는 시간이 많아지니 자연스레 실력까지 좋아지게 되었습니다.

이 책을 읽고 있는 당신은 영어 공부를 제대로 하길 원합니다. 영어에 대한 의욕이 넘치니 시작은 아주 좋습니다. 하지만 중고등학교 때 했던 것처럼 영어를 완전히 마스터하기 위해서 'study'를 하지는 마십시오. 처음부터 너무 앞만 보며 달리지도 말고 천천히 오랫동안 즐기면서 즐겁게 'learn' 하려고 하십시오.

4. 영어 공부는 이게 정답이다?

영어는 무조건 암기야.
요즘은 전화 영어가 대세지.
미드를 봐야 영어가 늘지.

영어 공부를 한다고 하면 옆에서 이런 말들로 훈수를 두는 사람들이 종종 있습니다. 자신이 직접 해보고 효과를 보았으니 여러분을 위하는 마음에서 하는 말이겠지만 저는 이런 조언에 귀가 얇아지지 말라고 당부하고 싶습니다.

유명 영어 출판사의 의뢰로 영어 공부를 혼자서 할 수 있는 방안 52가지를 소개하는 책을 집필한 적이 있습니다. 1년이 52주로 이루어져 있으니 한 주에 한 가지씩 영어 공부하는 방법을 소개하고 독자들이 직접 체험하면서 자신에게 맞는 영어 공부 방법을 스스로 찾도록 기획된 책이었습니다. 영어 공부하는 방법 52가지를 찾아내는 것은 그리 어렵지 않았습니다. 오히려 수많은 방법 중 다수의 사람들이 적용할 수 있는 방법을 52개로만 추리는 일이 더 힘들었습니다. 그리고 가장 까다로운 작업은 독자들이 52가지 방법을 하나씩 경험하면서 자신에게 맞는 공부 방법을 스스로 찾도록 격려하는 일이었습니다.

영어 공부는 마치 건강을 유지하는 것과 비슷합니다. 건강을 지키는 데도 여러 가지 방법이 있잖아요? 꾸준히 운동하고, 몸에 좋은 음식을 찾아 먹고, 정신적인 건강을 위해서 다양한 취미활동을 하기도 합니다. 운동 역시 수많은 종류가 있고, 건강에 좋은 음식도 우리 주변에 널려 있습니다. 건강을 지킬 수 있는 수많은 방법을 다양하게 시도해 보고 나의 성격, 예산, 생활 패턴에 맞는 방법 몇 가지를 골라 꾸준히 실행하면 나의 건강을 지키는 습관으로 발전하게 되고 결국에는 '건강한 생활'이라는 목표를 이룰 수 있습니다.

영어 공부도 마찬가지입니다. 여러 가지 방법을 다양하게 시도하다 보면 나에게 꼭 맞는 몇 가지의 공부법을 파악하게 되고 이를 꾸준히 하다 보면 영어 공부 습관으로 발전시킬 수 있습니다. 영어 공부를 할 때는 한 가지 방법만 고집하지 말아야 합니다. 운동만 한다고 해서 살을 뺄 수 없는 것처럼 영어 공부도 한 가지 방법만 시도하다 보면 영어 능력 발전에 불균형이 생길 수밖에 없습니다. 미드 한 시즌을 공부했다가 영어 원서 읽기를 하기도 하고, 원서 읽기가 끝나면 영화로 갈아타기도 하고, 말하기를 소홀히 한 것 같으니 큰 소리로 따라 읽는 시도를 해볼 수도 있습니다. 즉, 다양한 방법을 섞어가면서 영어 공부를 해야 합니다.

고기도 많이 먹어 본 사람들이 더 잘 먹는다는 속담처럼 영어 공부도 이것저것 많이 접하다 보면 나와 궁합이 맞는 공부법 몇 가지를 찾을 수 있게 됩니다. 그리고 그 방법들을 꾸준히 활용하면 영어 공부의 습관이 길러지고 결국 우리가 원하는 '영어 잘하는 사람'의 목표에 도달할 수 있습니다. 영어 공부에는 절대적인 정답이 없습니다.

5. 이래도 안되면 영어 포기하라?

영어 단어를 열심히 외워도 돌아서면 까먹는 것 같고.

미드는 자주 보는데 자막이 없으면 잘 안 들리고.

영어 공부를 열심히 하지만 실력이 늘지 않아 밑 빠진 독에 물 붓기와 같은 심정을 느낄 때가 있습니다. 이럴 때는 '역시 나는 영어가 체질상 맞지 않아' 같은 푸념이 나오게 됩니다. 여기서 더 좌절감을 느끼면 '차라리 중국어를 해 볼까?'와 같이 영어를 포기하려는 생각까지도 하게 됩니다.

저는 요즘 취미로 그림을 그립니다. 처음 그림을 배울 때는 모든 게 신기했습니다. 화실을 들락거리는 내 모습이 멋져 보이기도 했고 미술 선생님의 칭찬을 받으면 그림 실력이 느는 느낌이 들기도 했습니다. 하지만 미술을 시작한 지 몇 개월이 지나면서 마냥 즐겁기만 하던 그림에 정체기가 생기기 시작했습니다. 미술 왕초보였을 때 작품 하나를 끝내는데 1 주일밖에 안 걸렸는데 그림에 조금씩 눈을 뜨면서부터는 조그만 작품 하나를 완성하는데 한두달씩 걸리기 시작했습니다. 이렇게 되자 그림 그리기가 부담스러워지고 몇 주 동안은 붓을 잡지 않게 되었습니다.

모든 취미가 다 그렇겠지만 영어 공부에도 '정체기'가 있습니다. 처음에는 영어 공부가 재미있고 미드 대사도 간간이 들리는 것 같은 느낌에 영어 실력이 팍팍 올라간다는 생각이 들지만, 시간이 지나면서 '내가 제대로 하는 건지', '실력이 늘고 있는 건지' 확신이 서지 않을 때가 있습니다. 무엇보다 권태기를 느끼는 커플처럼 처음 느꼈던 흥미를 다시 찾을 수가 없어 당황스럽습니다. 저는 이런 감정을 '영어 공부 슬럼프'라고 말합니다.

영어 왕초보든 영어를 잘하는 분들이든 간에 영어 공부를 하다 보면 누구나 정체기를 맞을 수 있습니다. 하지만 슬럼프에 빠졌다고 영어를 포기하게 되면 영어에 대한 자신감이 없어질 뿐만 아니라 나중에 다시 시작하는 것이 더 어려워질 수도 있습니다. 물론 저도 영어 슬럼프에 빠질 때가 있습니다. 저는 이런 경우 새로운 재료로 영어 공부를 하기보다는 지금까지 제가 했던 영어 공부를 다시 돌아봅니다. 재미있게 읽었던 책 중 하나를 다시 읽기도 하고 수업 시간에 발표하듯이 영어책을 크게 소리 내어 읽기도 하고, 수십 번도 더 돌려 보았던 영화를 또다시 보면서 영어에 대한 감을 찾으려고 노력합니다.

여러분도 영어 공부 슬럼프에 빠진 것 같으면 영어 공부 진도를 빼야 한다는 부담을 내려 놓고 이전에 했던 공부로 다시 돌아가 보세요. 그러면서 여러분이 영어에 가졌던 열정을 다시 떠올려 보는 겁니다. 지금 슬럼프에 빠져 내 영어가 형편없이 느껴질 수도 있지만 그래도 지금 여러분의 영어는 처음 시작했을 때보다는 훨씬 좋아졌다는 사실을 잊지 말아야 합니다.

영어 실력은 상장되자마자 일직선으로 상종가만 달리는 주식이 아닙니다. 오르락내리락을 반복하지만, 장기적으로는 수익을 내는 우량주 같은 것이 바로 영어 실력입니다. 잠시 떨어졌다고 해서 주식을 처분하면 손해를 볼 수밖에 없습니다. 영어 공부도 슬럼프가 왔다고 해서 바로 포기해 버리면 여러분에게 마이너스가 될 뿐입니다. 주식에서 꾸준히 장기적으로 투자하는 사람들이 결국에는 큰돈을 쥐는 것처럼 영어 공부를 습관처럼 꾸준히 하는 사람들이 나중에는 '영어 좀 하는 사람'이라는 타이틀을 얻을 수 있습니다.

많은 출판사가 '이래도 안 되면 영어 포기하라'는 카피로 영어 교재를 홍보하고 있지만 그들의 상술에 넘어가지 맙시다. 영어는 포기하는 대상이 아니니까요.

6. 영어 공부는 순서대로 해야 한다?

제일 먼저 파닉스를 배운 뒤에 기본 영어 단어를 외운다.

성문 기초 영어로 문법을 시작해 성문 종합 영어로

문법을 끝낸다.

영어 학원은 맨 먼저 기초 문법 반을 듣고 패턴 학습 반을

거친 후 원어민 영어 회화는 제일 마지막에 들어야 한다.

무슨 일에든 순서를 만들기를 좋아하는 분들은 영어 공부를 할 때도 이런 나름의 계획으로 접근합니다. 사교육 시장이 발달한 우리나라의 경우 학원 상담 실장이나 영어 출판 마케팅 담당 직원들은 피라미드 도형까지 그려가면서 이렇게 설명을 합니다. 마치 그들만의 독점적인 영어 프로그램을 개발한 것처럼 말입니다.

하지만 영어는 이렇게 철저한 순서대로 공부할 필요가 없

습니다. 저도 단계별로 순서대로 공부해서 영어를 잘하게 된 건 아닙니다. 단어장 공부와 원서를 같이 읽으면서 동시에 미드를 함께 봤고, 한국 선생님의 영어 회화 패턴 수업 강의를 듣지 않고 바로 원어민과의 회화 수업을 듣기도 했으며, 문법 교육은 중학교 수업 시간에 들은 이후로 제대로 받아 본 적도 없습니다. 딱딱 순서를 지켜가면서 영어 공부를 하지 않았지만, 이 책을 쓸 정도의 영어 실력은 갖추게 되었습니다.

우리가 한국말을 익힐 때 순서를 정해서 공부하지 않았던 것처럼 영어도 철저한 계획으로 통제된 공부를 할 필요는 없습니다. 순서에 상관없이 여러 가지를 동시에 경험하면서 다양한 방법을 섞어서 공부해도 되고 한 가지를 꾸준하게 한 뒤 또 다른 것으로 갈아타도 됩니다. 중요한 것은 여러분에게 맞는 공부 방법을 찾고 습관처럼 꾸준하게 영어를 접해야 한다는 것입니다.

7. 영문법 이 정도는 해야 한다?

얼마 전 중학교 문법책을 집필해 달라는 의뢰를 받았습니다. 성인을 대상으로 한 재미난 문법책을 집필했던 여러 경험을 살려 중학생 아이들이 좋아할 만한 창의적인 문법 교재를 만들 생각에 가슴이 부풀었죠. 하지만 저의 핑크빛 희망은 출판사에서 원하는 문법책의 목차를 받으면서부터 잿빛으로 변했습니다. 저의 고등학교 시절에나 듣던 문법 용어들이 남발되어 있었고 영어를 활용하는 데는 전혀 쓸모없는 사항들이 가득했거든요.

저희도 재미있는 활동이 많고, 꼭 필요한 문법 사항만 다루는 책을 만들고 싶어요. 하지만 문법책을 이렇게 내지 않으면 안 팔려요. 사람들이 배우고 싶어 하는 문법은 이런 것들이에요.

이런 생각을 하는 출판사와는 일할 수 없을 것 같아 그 자리에서 바로 출판 제안을 거절하였습니다.

수많은 영어 전문가들이 지적하고 있지만, 아직도 고쳐지지 않는 우리나라 영어 교육의 고질병은 영어 문법 파헤치기입니다. 우리는 학교에서 영어 문법 위주로 공부를 했고 학원에서도 밑줄 쫙, 동그라미, 별표를 책에 그려가면서 한정적 용법, 계속적 용법 등을 매우 열심히 공부했습니다. 하지만 정작 여러분이 영어를 써먹어야 할 때 지금까지 열심히 익혀왔던 영어 문법이 무용지물이라는 사실을 깨닫지 않으셨나요? 오히려 문법적으로 틀린 문장을 만들까 봐 영어로 말하는 자신감이 떨어지진 않았나요? 우리가 정말 열심히 공부했던 문법은 이제 우리 영어에 걸림돌이 되고 있습니다.

우리가 영어 문법을 지나치게 많이 공부하게 된 데는 학교, 학원 교사들 그리고 영어 출판사들에게 큰 책임이 있습니다. 학생들에게 꼭 필요한 말하기나 쓰기를 수업 시간에 효과적으로 가르치는 것에 익숙하지 않기 때문에 과거 자신이 배웠던 방식을 답습하며 수업을 하고 있습니다. 그리고 말하기 쓰기 능력이 부족한 영어 교사들은 자신의 부족한 영어 실력을 문법이라는 가면으로 감추고자 수업 시간에 어려운 한자

용어까지 사용하며 문법을 가르치고 있습니다. 한마디로 쓸데없는 문법 파헤치기를 하고 있는 것입니다. 주입식 수업에서는 지식 전달이 가장 중요한데 영어에서의 지식은 문법이 대부분이라는 착각에서 교사들이 학생들에게 어렵고 쓸데없는 문법 사항을 떠먹이고 있는 것입니다.

어려운 문법 교재에 대한 지속적인 수요가 있다 보니 출판사들 역시 계속 이런 종류의 출판물을 만들어 내고 있습니다. 그것도 시리즈로 말이죠. 영어 교재 중 문법이 유난히 많이 팔리는 이유는 혼자서 공부해서 가장 큰 성취도를 얻을 수 있는 영역이 문법이기 때문입니다. 말하기나 쓰기를 학습할 때는 상호 간의 피드백이 필요하기 때문에 혼자서 공부하기가 어렵습니다. 하지만 문법을 공부할 때는 말을 하거나 글을 쓰지 않아도 됩니다. 혼자서 문법 지식을 이해하고 혼자서 문제를 풀면 됩니다. 하지만 이런 공부는 '나 오늘 이만큼 공부했어'와 같은 자기 위안만 될 뿐 진짜 영어를 하는 데는 큰 도움이 되지 못합니다. 과도한 문법 공부가 필요 없다는 것을 알고는 있지만, 우리가 문법의 사슬에서 쉽게 헤어나지 못하는 이유는 문법 중심의 영어 공부가 습관적으로 내려오고 있기 때문입니다.

영어를 다시 시작하려는 분들 중에 '영어 문법 정리', '영어 문법 마스터'를 1차 목표로 정하는 분들이 많이 있습니다. 하지만 여러분은 더 이상 중간고사 점수 1점에 아등바등하는 학생들이 아닙니다. 관계대명사의 재귀 용법, 형용사의 한정적 용법 따위를 다시 익힌다고 해서 여러분의 영어 표현이 화려해지는 것도 아니고 문장 치환을 잘한다고 해서 고급스러운 문장을 만들 수 있는 것도 아닙니다. 실제 원어민들도 잘 모르는 영어 지식을 왜 자꾸 파헤치려 하시나요? 쓸데없는 문법 공부에 시간과 노력을 쓰지 말고 이제는 여러분이 써먹을 수 있는 영어를 공부하도록 합시다.

8. 쿨하게 말해야 한다?

원어민들만 알고 있는 표현, 네이티브들이 자주 쓰는 표현,

미드에 자주 등장하는 표현, 슬랭 영어, 19금 영어...

    남들과는 다른 쿨한 영어 표현을 구사하고 싶은 사람들을 타깃으로 하는 영어 교재의 카피들입니다. 매력적으로 들리지만 저는 이런 교재들을 초보 학습자들에게 추천하지 않습니다. 자기 생각을 어느 정도 전달할 수 있는 기본기가 있는 사람들이 슬랭이나 속어 표현을 간간이 섞어서 말한다면 좀 더 자연스러운 영어를 구사하는 듯한 인상을 줄 수 있습니다. 하지만 영어 공부의 걸음마를 처음 뗀 사람들이 이런 표현을 무분별하게 사용하면 자신에게 어울리지 않는 옷을 굳이 소화하려고 애쓰는 것 같아 안쓰럽게 느껴지기도 합니다. 한국어를 잘 못 하는 외국인들이 '헐~', '대박', '열라'와 같은 표현을 남발하면 처음에는 신기하다가도 나중에는 거부감이 느껴지는 것처럼 영어가 모국어가 아닌 사람들이 쿨 한 척하는 표현을 계속 쓰면 좀 가볍다는 느낌을 줄 수도 있습니다.

그럼 어떤 표현들이 영어 초보자들이 구사하기에 가장 좋은 것일까요? 당연히 중, 고등학교 교과서에 나오는 표현들입니다. 교과서가 소개하는 표현이기 때문에 지루하고 딱딱하다고 생각할 수 있겠지만 이 표현들만 잘 이해하고 적재적소에 사용할 수 있다면 영어를 잘하는 사람이라는 느낌을 충분히 줄 수 있습니다.

저의 영어 역시 기본에 충실한 영어입니다. 처음 만나는 사람에게 'I'm delighted to make your acquaintance.' 대신 'Nice to meet you.'라고 간단히 인사하고, 친구들에게 'What up?'이라고 하는 대신 'How are you?'라고 평범하게 물어봅니다. 그리고 미드에 등장하는 쿨한 표현을 사용하지도, 원어민들이 자주 쓰는 슬랭이나 비속어를 섞어 쓰지도 않습니다. 하지만 누구도 저의 영어 실력을 의심하지는 않습니다. 매우 쉽고 평범한 영어를 구사하지만, 상황에 적절하게 그리고 무엇보다도 자신 있게 영어를 하기 때문입니다.

여러분도 미드 교재에서 쿨한 영어 표현 몇 가지를 배웠다고 애써 그걸 써먹으려 하지 마세요. 대화의 흐름에서 어긋날 수도 있고, 너무 쿨한 척하는 사람으로 오해받을 수도 있습니다. 그리고 여러분의 생활은 미드 캐릭터의 인생처럼 희극적이지도 않습니다. 'Simple is best.'는 영어에도 적용되는 말입니다.

9. 언젠가는 다시 본다?

고급 영어를 해 보겠다고 질렀던 타임지 1년 정기 구독권.
집에서 열공하려고 끊었던 영어 회화 3개월 인터넷 수강권.
친구의 추천으로 구입했던 영어 원서 세트.
미드로 영어 공부를 해 보겠다고 3개월 할부로 질렀던
프렌즈 DVD 박스 세트...

영어를 잘하고 싶다는 열정에 큰맘 먹고 구입을 하였지만, 여러분의 관심을 받지 못하고 책장에서 먼지받이 역할만 하고 있는 것들입니다. 이런 영어 교구들을 볼 때면 부지런히 공부하지 못하는 내가 한심스럽고 또다시 영어 공부에 실패할까 봐 무언가를 새로 시작하는 것도 두려워집니다.

'미니멀리즘'이란 말을 들어보셨죠? 생활에서 미니멀리즘을 추구하는 사람들은 자주 사용하지 않거나 나에게 감흥을 주지 못하는 물건들을 과감하게 처분합니다. 그리고 어떤 물건을 소유하는 것에 대한 부담감이 아니라 물건의 속박에서 벗어나는 자유로움을 느낍니다.

영어 공부에서도 이 미니멀리즘이 꼭 필요합니다. 자리만 차지하는 영어 교재나 교구들이 있다면 과감하게 처분하도록 합시다. 포장을 뜯지도 않은 영어 잡지는 재활용 쓰레기통에 넣고, 장식장에서 자리만 차지하고 있는 DVD는 원하는 친구들에게 기증해 버립시다. '언젠가는 다시 보겠지', '영어를 잘하면 꼭 꺼내 볼 거야'라는 희망으로 계속 여러분의 주변에 두지 마세요. 희망 고문일 뿐이며 가끔 이들을 쳐다볼 때마다 영어 공부를 제대로 하지 못한다는 것에 대한 죄책감만 생길 뿐입니다. 그리고 요즘 같은 시대에 DVD나 종이 잡지를 고수해서도 안 됩니다. 영상이나 문자를 전달하는 매체가 매우 미니멀해졌기 때문에 영어를 공부하는 방법도 트렌드에 맞게 미니멀하게 바뀌어야 합니다. DVD 대신에 인터넷 스트리밍으로 미드를 보고, 종이 잡지나 신문 대신 태블릿 PC나 스마트 폰으로 무료 영어 기사를 읽을 수 있습니다. 미니멀한 영어 공부는 공간을 많이 차지 하지도 않고 가격이 저렴하여 경제적인 부담에서도 자유롭습니다. 그러니 이제는 내가 투자

한 돈을 생각하면서 쳐다보지도 않는 영어 교구들을 쌓아 두지 말았으면 합니다. '새 술은 새 부대에 담으라'라는 말처럼 다시 영어를 시작하고 싶다면 과거의 실패를 떠올리는 물건부터 처분해야 합니다.

영어 짝사랑, 이렇게 극복하라

글, 그림: 라이언

나도 원어민처럼 영어를 할 수 있다

원어민의 영어를 흉내내려고 하라

영어는 발음이 좋아야 한다

당당하게 내 생각을 전달하라

영어는 '열공' 해야 한다

영어는 몸으로 익히는 예체능이다

41

나는 영어를 포기 해야 겠다

슬럼프가 오면 예전 공부를 다시 돌아보라

영어 공부는 이게 정답이다

영어 공부에 절대적인 정답은 없다

영어 공부는 순서대로 해야 한다

순서를 지키며 영어 공부 하지 마라

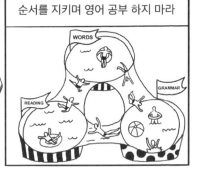

문법, 이 정도는 해야 한다

문법은 영어 공부에 걸림돌이 될 수 있다

쿨하게 말해야 한다

기본적인 표현으로 말하자

여기에 돈을 얼마나 많이 썼는데

영어 공부에도 미니멀리즘이 필요하다

영어 공부
작은 습관
6가지

1. 단어집을 사용하는 습관

단어 공부는 영어에서 가장 기본입니다. 문법이나 문장 구조에 관한 지식이 충분하지 않아도 단어 몇 개만으로 나의 의도를 대충이나마 전달할 수 있기 때문이죠. 하지만 본격적으로 영어 단어를 공부하려고 하면 '후유~' 하고 한숨부터 나옵니다. 정도에 따라 다르겠지만 영어 공부를 하는 사람은 누구나 영어 단어에 대한 암기 부담이 있어서 그런가 봅니다.

이번 장에서는 단어집을 활용해서 어떻게 하면 부담을 최소화하면서도 단어 공부를 할 수 있는지, 단어 공부 습관을 어떻게 기를 수 있는지 알아보도록 하겠습니다.

단어와 싸우지 말자

"영어는 단어와의 싸움이다."

영어 공부를 할 때 우리가 자주 듣는 말입니다. 싸움이라고 하니까 두 주먹 불끈 쥐고 꼭 이겨야 한다는 압박을 느끼는데, 그리고 싸움에서 지면 왠지 기분이 나쁘잖아요? 그래서인지 금방 외웠던 단어를 돌아서자마자 까먹으면 단어와의 싸움에서 졌다는 생각에 금세 우울해집니다. 이런 감정이 자꾸 반복되면 KO 펀치를 맞은 것처럼 결국 단어 공부를 포기하려는 마음이 생깁니다.

우리는 영어 단어와의 싸움에서 절대 이길 수 없습니다. 현관 도어락 비밀번호도 까먹을 때가 있는데 어떻게 한두 번만에 외국 단어의 뜻을 기억할 수 있겠습니까? 그러니 영어 단어 암기를 영어 단어와 싸워 이겨야 하는 일로 생각하지 마세요. 단어를 전투적으로 암기하려고 하면 공부 시간이 싫어지고 결국에는 영어 공부 자체를 포기하게 됩니다.

저는 영어 단어 공부가 색깔을 알아가는 과정과 비슷하다고 생각합니다. 그림을 처음 배울 때는 '파랑', '빨강', '노랑' 등의 기본 색깔만 알고 있기 때문에 단순한 그림만 그릴 수 있지만, 시간이 지나면서 '울트라 블루', '코발트 블루' 등 다양한 색깔을 익히게 되면 좀 더 복잡하고 화려한 그림을 그릴 수 있습니다. 영어 단어 공부도 마찬가지입니다. 알고 있는 영어 단어의 수가 적으면 내가 읽을 수 있는 책의 수준이 한정되겠지만 단어 실력이 높아지면 다양한 수준과 주제의 영어책을 읽을 수 있습니다. 그뿐 아니라 내가 구사하는 영어 문장 역시 화려해지고 영어로 즐길 수 있는 미드와 영화도 많아집니다. 그래서 영어 단어 공부는 무채색의 내 영어를 컬러풀하게 바꿔 주기 위해 꼭 필요한 과정입니다.

어렸을 때 48색 크레파스를 선물 받고 느끼는 전율만큼은 아니겠지만 이제 새로운 영어 단어를 보면 '반가워, 너도 내가 알아줄게.'라고 생각해 보세요. 애정을 가지고 단어를 알아 가려고 하면 다시 만났을 때 그 단어들도 반갑다고 인사할 겁니다. 반대로 싸우려 들면 나중에 다시 만나도 여러분을 모른 척할 겁니다. 그러니 영어 단어와 절대 싸우지 맙시다.

단어집 활용이 좋은 이유

영어 원서나 미드에서 모르는 단어를 공부하면 되지 굳이 단어집을 사야 하냐고 반문하는 분들도 있을 겁니다. 저의 지인도 영어 단어집으로 공부하는 건 고등학교 때로 돌아가는 것 같아서 그냥 원서를 읽으면서 나오는 단어를 외우겠다고 했습니다. 물론 그분은 영어 원서도 못 읽고 영어 단어 공부도 포기하셨죠. 제가 영어 단어집을 추천하는 이유는 아주 간단합니다. 단어 공부에 최적화된 자료이기 때문입니다.

미드나 영어 원서로 공부하면 자신의 수준보다 훨씬 더 높은 단어들을 쓸데없이 암기하는 경우가 있습니다. 하지만 단어집은 내 수준에서 자주 사용되는 단어들을 모아 놓은 것이기 때문에 효율적으로 단어를 암기할 수 있습니다. 영어 시험 고득점이 목적인 분들은 그 시험에 적합한 기출 단어집을 활용하면 단기간에 영어 단어를 공부할 수도 있습니다.

단어집은 단어의 뜻은 기본이고 예시 문장을 제시하면서 그 단어가 어떻게 활용되는지를 보여줍니다. 요즘 단어장은 음원 파일을 공짜로 제공하고 있어서 단어의 정확한 발음을 확인할 수도 있고, 연습문제를 통해서 내가 단어를 잘 외웠는지 셀프 테스트를 할 수도 있습니다. 항상 휴대하면서 외울 수 있도록 친절하게 미니 단어집이나 단어 발음을 바로 들을 수 있는 QR 코드를 제공하기도 합니다.

단어집 선택에 주의할 점

내 영어 수준보다 낮은 단어집을 선택하는 것이 좋습니다. 단어집에 내가 모르는 단어만 있으면 암기 진도를 나가기가 힘듭니다. 쭉 훑어봤을 때 아는 단어와 모르는 단어가 반씩 섞여 있는 단어집이 가장 이상적입니다. 영어 공부를 오랫동안 쉬었던 분들은 초등학교 6학년이나 중학생 단어집을 추천합니다. '대학교까지 나온 내가 초등학교 책으로 공부해야 하다니.'라고 생각하지 마세요. 요즘 초등학교 수준이 많이 높아졌습니다. 그리고 초, 중학교 단어집에 나오는 단어들은 대부분 원어민이 일상적으로 사용하는 생활 단어들 입니다. 초, 중학교 단어집을 들고 다니는 게 부끄러운 분들은 표지를 근사한 종이로 포장해서 다니면 남들의 시선을 피할 수도 있습니다.

너무 두꺼운 단어집은 피하는 것이 좋습니다. 맛있는 음식도 매일 먹으면 지겹잖아요? 영어 단어집도 오랫동안 붙잡고 있으면 지겨워서 이내 포기하게 됩니다. 한 면에 너무 많은 단어가 빽빽이 인쇄된 단어집, 성경책처럼 두꺼운 단어집은 패스합니다.

글자가 많은 책이 부담스럽다면 픽셔너리(Pictionary)를 선택하는것도 방법입니다. 픽셔너리는 picture(그림)와 dictionary(사전)를 줄인 말인데, 말 그대로 그림으로 된 단어집입니다. 그림으로 단어를 설명하니까 쉽게 이해할 수도 있고 지겹지도 않습니다. 옥스포드나 롱맨, 케임브리지와 같은 외국 어학 출판사마다 대표 픽셔너리 하나씩은 발행하고 있으니 여러분의 그림 취향과 영어 수준에 맞는 것들로 고르시면 됩니다.

이왕이면 음원 파일이 제공되는 단어집을 선택하세요. 요즘 대부분의 단어집은 음원 파일을 무료로 제공하고 있지만 오래된 단어집은 그렇지 않은 경우도 있습니다. 무료로 다운받아서 핸드폰에 내장한 다음 오가며 들으면서 공부할 수 있는 방식이 좋습니다.

그리고 단어집마다 예문들이 포함되어 있는데 가급적이면 짧은 예문을 사용한 단어집을 선택하는게 좋습니다. 예문이 너무 어려우면 단어 쓰임을 파악하기가 힘이 듭니다. 전체 문장이 아니라 암기하려는 단어가 들어간 짧은 표현을 예문으로 제시하는 방식이 제일 좋습니다.

단어집의 목차는 '30일 완성' 등 날짜로 이루어진 데이별 단어집도 있고, '사람, 장소, 감정' 등 주제별로 된 단어집도 있는데 저는 주제별로 구성된 단어집을 추천 드립니다. 비슷한 맥락에서 단어들을 묶어서 생각하면 좀 더 쉽게 암기할 수 있습니다. 해당 주제에 관한 글이나 영상을 볼 때도 그 단어들이 함께 등장하는 경우가 많아서 같이 외워 두는 게 좋습니다. 연관 주제 없이 날짜별로 끊어 놓은 단어들은 나중에 잘 까먹게 됩니다.

또한 연습 문제를 충분히 제공해 주는 단어집이 좋습니다. 연습 문제를 풀면서 단어를 다시 복습할 수 있으니까요.

[따라하자!!] 단어집으로 공부하는 습관 5가지

1) 하루에 7개만 암기하라

엥? 고작 7개만 외우라고요? 학교 다닐 때 공부 컨디션이 좋으면 100개도 너끈하게 외웠는데 하루에 7개면 너무 작다고 생각하시겠죠? 그런데 그때 열공했던 단어들 아직도 기억하고 있습니까?

제가 가르치는 학생들에게 50개의 단어를 제시하고 그다음 날 단어 쪽지 시험을 본 적이 있습니다. 열심히 공부하는 학생들이니 대부분 만점으로 쪽지 시험을 통과하였죠. 일주일 뒤, 사전 공지 없이 똑같은 단어를 다시 시험 봤습니다. 채점하지 않고 학생들의 표정만으로도 결과가 어땠는지 알 수 있었습니다.

열심히 공부했더라도 돌아서면 까먹는 게 영어 단어인데 하루에 50개, 100개를 외운들 그것들이 계속 내 머릿속에 남아 있을까요? 하루에 100개를 외운다는 건 어떻게 보면 '나 열심히 공부하지?'처럼 자기만족의 행동이지 효과적인 단어 공부 방법은 아닙니다. 능력 이상으로 많은 영어 단어를 머릿속에 쑤셔 넣으면서 소화 불량에 걸리는 것보다 적은 양을 제대로 씹으면서 소화하는 게 내 정신 건강 및 영어 실력을 위해서 더 좋습니다.

그럼 하루에 왜 7개일까요? 음… 딱히 특별한 이유는 없습니다. 5개는 너무 적은 것 같고 10개는 또 부담스러운 양이거든요. 저는 8번째 단어를 외우는 순간부터 그 단어가 미워 보이더라고요. 단어 하나를 2~3분 동안 공부한다면 7개는 약 20분 내로 공부할 수 있습니다. 하루에 20분이면 크게 부담스럽지 않으니 첫 영어 공부 습관으로 하기에도 충분합니다. 아무튼 영어 단어 공부에서 '다다익선'은 그리 좋은 말이 아니랍니다.

2) 단어 하나당 5번씩 써라

'깜지'를 기억하시나요? 영어 단어와 그 뜻을 20~30회 반복해서 종이에 쓰는 것을 '깜지한다'라고 합니다. 빽빽하게 단어를 써서 종이를 까맣게 만든다고 '깜지'라는 이름이 붙었습니다. 저도 학교 다닐 때 '깜지' 숙제를 많이 했지만, 머리가 아니라 손이 공부한다는 생각을 많이 했습니다. 종이가 찢어질 정도로 열심히 썼지만 돌아서면 단어의 뜻이 왜 그렇게 생각나지 않던지. 사실 깜지는 선생님들이 학생들의 영어 공부 상태를 눈으로 확인할 수 있는 가장 효율적인 방법입니다. 학생들이 깜지를 몇 장 작성했는지로 공부를 열심히 했는지 안 했는지를 체크하는 거죠.

깜지 학습법을 영국인 교사에게 소개했더니 '그건 공부가 아니라 벌칙이네요'라는 말을 하더라고요. 맞습니다. 깜지는 어떻게 보면 벌칙으로 사용되는 공부, 아니 훈육 방법입니다. 깜지에 길든 분들은 수십 번 반복해서 써야지 영어 단어가 외워지는 것 같다는 말을 종종 합니다. 단어를 쓰면서 공부하는 것은 좋은 습관이지만 그 횟수가 너무 많아지면 기계적인 손 운동이 될 수 있으니까 조심해야 합니다.

저는 한 단어당 5번씩 쓰기를 추천합니다. 왜 5번이냐고 물으시면 또 장금이와 같은 대답을 할 수밖에 없습니다. 3번만 쓰면 왠지 철자까지는 안 외워진 것 같고 6번 이상 쓰면 집중이 흐려지는 느낌이 들거든요. 영어 단어를 쓰고 바로 뒤에 한국어 뜻도 함께 쓰도록 합니다. 글씨도 흘려 쓰지 말고 정자로 정성스럽게 씁니다. 여러분이 정성으로 써 내려간 단어들은 나중에 만나도 아는 척을 할 테니까요.

3) 눈으로만 공부 하지 말고 귀와 입을 함께 활용하라

눈으로만 영어 단어를 공부하는 분들이 있습니다. 제가 가르치는 학생 중에도 뜻은 알고 있는데 그 단어를 어떻게 발음하는지 모르는 아이들이 있습니다. 단어의 발음을 모르면 실제로 그 단어를 들었을 때 어떤 단어인지 모르게 됩니다. 그리고 말을 할 때도 그 단어를 제대로 발음하지 못하면 상대방에게 명확한 의사 전달을 할 수가 없습니다. 그러므로 단어를 공부할 때는 꼭 입과 귀를 함께 사용해야 합니다.

일단 공부하려는 단어의 발음을 확인하세요. 학창 시절 배웠던 발음 기호로 영어 발음을 읽을 수도 있겠지만 저는 스마트폰 혹은 인터넷 사전에서 제공하는 원어민 사운드를 활용하길 추천합니다. 영어 공부는 원어민의 소리를 흉내 내는 거라고 말씀드렸잖아요? 그들의 발음을 귀로 확인해야 흉내 내기가 쉽습니다. 요즘 인터넷 사전에는 미국 발음과 영국 발음을 구별해 두었으니까 미국 발음이 지겨우면 영국 발음으로 갈아타도 됩니다. 단어집으로 공부를 하면 굳이 인터넷 사전을 검색할 필요 없이 출판사에서 제공하는 음원 파일을 활용하면 됩니다.

원어민의 발음을 들었으면 따라 읽어 보세요. 속삭이듯 하지 말고 크게 따라 합니다. 혼잣말하려고 영어 공부하는 게 아니잖아요? 한 번만 하면 소리에 대한 확신이 없을 테니까 두세 번 듣고 따라 하세요. 스마트폰 사전에는 repeat(반복) 기능이 있어서 원어민의 발음을 사용자가 여러 번 따라 할 수 있습니다. 단어집 음원 파일도 반복해서 따라하기가 가능합니다.

원어민의 영어 발음을 확인했으면 이제 단어를 5번씩 쓰면서 뜻을 암기할 차례입니다. 단어와 뜻을 한 번씩 쓸 때마다 크게 발음을 합니다. 이렇게 하면 단어를 눈으로만 외우는 게 아니라 입과 귀로도 암기하는 효과가 있습니다. 조용히 눈으로만 암기하는 것보다 입과 귀의 감각을 사용하니 졸음을 쫓는 장점도 있습니다. 김춘수 시인의 '꽃'처럼 내가 발음해 주었을 때 단어는 나에게 다가와 꽃처럼 오래 기억될 수 있습니다. 그러니 단어를 자주 불러 주세요.

4) 예문은 반드시 확인하되 짧은 예문으로 공부하라

영어 단어집에는 단어의 뜻과 함께 예시 문장을 실어두고 있습니다. 하지만 그 예문을 확인하지 않고 지나치는 분들이 많습니다. 지겨운 단어 외우기를 빨리 끝내고 싶은 마음도 이해하지만, 뜻만 암기하고 있다고 해서 단어를 다 아는 것은 아닙니다. 예문 확인은 단어가 실제 영어 문장에서 어떻게 활용되는지를 이해하는 데 꼭 필요한 과정입니다. 그리고 예문을 보면 단어가 어떤 문맥이나 분위기에서 사용되는지도 알수 있습니다. 예문은 영어 단어집에 나와 있는 것만 봐도 충분합니다. 다른 곳에서 예문을 추가로 찾으려고 하면 진도가안 나가니까 단어집에만 충실하세요.

너무 수준이 높아서 이해가 어려운 예문을 만날 수도 있습니다. 그럴 때는 예시 문장 안에서 그 단어가 들어간 짧은표현만 확인합니다. 가령 offset(상쇄하다, 벌충하다)이라는 단어를 찾았더니 다음과 같은 예문이 제시되어 있습니다. The gain that no one had expected in the market offsets the loss from last year. (시장에서 아무도 기대하지 않았던 이익이 작년의 손해를 보충했다.) 그런데 예시 문장이 너무 길어서 해석이어렵습니다. 이럴 때는 예시문 전체를 해석하려고 힘 빼지 말고 offset the loss(손해를 보충했다) 부분만 체크합니다. 그리고 가급적 완전한 문장을 예시로 사용하는 것 말고 짧은 문구를 예시로 사용하는 단어집을 사는 것이 좋습니다.

5) 일주일에 5일만 공부하고, 6~7일째는 복습을 하라

새로운 단어는 일주일에 5일만 공부하세요. 앞에서 하루에 7개씩 공부하기로 했으니까 5일 동안 공부하면 총 35개의 단어를 외우게 되겠죠? 한 주에 35개면 충분하고도 남습니다. 6일째는 카드놀이의 조커처럼 사용합니다. 5일 동안 열심히 달렸으니 하루 쉬어가는 시간으로 사용해도 되고, 5일 중 단어 공부를 빠진 날이 있다면 보충하는 시간으로 이용해도 됩니다. 하루 빠졌다고 해서 전날 단어와 오늘의 단어를 한꺼번에 암기하지 말고 이때 6일째를 활용합니다. 7일째에는 5일 동안 외웠던 35개의 단어를 복습합니다. 뜻을 가린 채 단어만 보고 뜻을 말하는 셀프 테스트 방식을 추천합니다. 뜻이 기억나지 않는 단어가 있으면 따로 적고 다시 암기해 줍니다. 마지막 주 7일째에는 한 달 동안 외웠던 단어를 모두 모아서 복습하는 시간을 가지도록 하세요. 150개 정도의 단어를 복습하는 거니까 시간이 제법 걸리겠지만 단어를 내 것으로 만들기 위해서는 꼭 필요한 과정이니 거르지 마세요.

분명히 외운 단어인데 뜻이 기억나지 않아 속상할 때도 있습니다. 하지만 까먹는 건 지극히 정상입니다. 내 핸드폰 전화번호도 까먹지 않습니까? 컴퓨터가 아닌 이상 영어 단어 몇 개 까먹는 건 매우 인간적인 겁니다. 영어 단어는 한 번

만에 머릿속에 콱! 박히는 것이 아니라 이전에 본 단어를 '여기서 한 번', '저기서 한 번', '거기서 한 번' 식으로 다시 접하면서 익히는 겁니다. 영어 전문가인 저도 처음 본 단어를 한 번 만에 외우지 못합니다. '자꾸 보아야 이쁘다'는 말처럼 단어를 여러 번 반복해서 보면 머릿속에 서서히 자리 잡힙니다. 단어집에서 뜻을 암기한 뒤에 7일째 복습에서 다시 확인하고, 한 달 뒤 복습에서 또 확인하고, 잠시 까먹고 있다가 원서나 미드에서 그 단어가 툭 튀어나올 때 '어디서 봤었는데.'라며 다시 확인하고. 그때서야 완전히 내 단어가 되는 겁니다. 그러니 복습하는 날, 나를 배신하는 단어들이 많이 나와도 스트레스받지 마세요.

영어 단어 공부하는 습관 기르기

글, 그림: 라이언

단어집을 선택하라

best 단어집

- 자신의 수준보다 낮은 단어집
- 목차가 주제별로 정리된 단어집
- 짧은 예문을 제공하는 단어집
- 발음 음원을 제공하는 단어집

하루에 단어 7개만 암기하라

원어민의 발음을 듣고 2~3번 크게 따라하라

철자와 뜻을 5번씩 쓰면서 외워라

단어를 한 번씩 쓸 때마다 크게 읽어라

뜻을 외운 뒤 예문을 꼭 확인하라

일주일에 5일만 새로운 단어를 외워라

6일차에는 쉬어라

7일차에는 한 주 동안의 단어를 테스트하며 복습하라

단어를 까먹는다고 스트레스 받지 말라

단어 공부는 밥 먹듯 해야한다

2. 미드로 영어를 즐기는 습관

"매일 미드를 보세요."

영어 잘하는 비결을 물어보는 사람들에게 저는 항상 미드를 보라고 조언합니다. 저뿐만 아니라 국내에서만 공부해서 영어 도사가 된 사람들 역시 '미드 보기'가 최고의 영어 학습 방법이라고 말하고 있습니다. 미드와 관련된 영어 교재가 인기리에 발행되고 미드 스터디 그룹이 활성화되는 것만 봐도 영어 학습 자료로서 '미드'의 잠재력은 무궁무진합니다. 하지만 막상 미드로 영어 공부를 하려고 하면 어떤 미드부터 시작해야 하는지, 어떻게 공부해야 하는지, 그냥 보기만 하면 되는지 약간 막막한 느낌이 듭니다.

이번 장에서는 하루에 몇 분이라도 미드를 보지 않으면 눈에 가시가 생기는 자칭 '미드 덕후'인 제가 어떻게 미드를 활용하고 있는지 그리고 미드로 영어를 즐기는 습관을 어떻게 기를 것인지 알아보도록 하겠습니다.

미드가 영어 공부에 좋은 이유

미드와 함께한 세월이 너무 오래되어서인지 미드가 왜 좋은 영어 교재인지 구체적으로 생각해 본 적이 없었습니다. 특별한 취미 없이 TV 보기를 좋아했고, 자연스레 미드를 접하면서 영어에 관심이 생기고, 미드를 더 잘 보기 위해 영어를 열심히 공부한 것 같습니다. 그러다 영어를 가르치는 일을 직업으로 하면서 성별, 나이, 지역적 한계를 넘어서 미드가 최고의 영어 교재인 이유를 제대로 알게 되었습니다. 제가 영어 공부 방법 중 하나로 미드를 강추하는 이유는 다음과 같습니다.

첫 번째, 미드는 authentic material입니다.

authentic material은 외국에서 실제로 사용하는 영어를 다루는 자료를 의미합니다. 우리나라 교과서나 문법 교재들은 학습자의 수준을 고려하여 한국화된 수업 자료이기 때문에 authentic material이라고 할 수 없습니다. 비속어나 은어는 완전히 배제하고 가급적 정확한 문법의 문장을 다루어야 교육부의 심의를 통과할 수 있기 때문에 완벽하게 통제된 영어 표현만 사용합니다. 그러니 실제 외국 사람들이 사용하는 영어와는 차이가 있습니다.

우리나라 영어 교재에서 가장 authentic하지 않는 부분은 바로 듣기입니다. 우리나라 교과서나 국가 공인 영어 시험의 대화는 대부분 백인 미국인들이 녹음합니다. 하지만 영어는 백인 미국인들만의 언어는 아닙니다. 흑인계, 라틴계, 동양계 등 다양한 유색 인종이 미국 인구의 50% 이상을 차지하고 있는 상황에서 다양한 인종들이 쓰는 영어가 진짜 영어 입니다. 그리고 교재의 말하기 역시 일상 대화와는 비교할 수 없을 만큼 느린 속도로 이루어지고 녹음하는 사람들도 외부 소음이 전혀 없는 방송실에서 대충 흘리는 발음 없이 또박또박 발음하기 때문에 실제 대화와는 큰 차이가 있습니다. 우리가 영어 듣기 시험에서 만점을 받아도 막상 미국에 가면 매우 짧은 영어인데도 무슨 말을 하는지 못 알아듣는 이유가 바로 여기에 있습니다. authentic한 영어 대신 '가공된' 영어를 주로 연습했기 때문입니다.

미드에서 우리가 듣는 영어는 한마디로 교육부의 심의를 거치지 않은 '날 것' 그대로의 영어입니다. 학습자를 위해서 일부러 천천히 발음하지도 않고, 완전한 문장의 형태로 말하려고 하지도 않습니다. 또한 다양한 인종의 영어를 들을 기회가 되기도 하고 (물론 미드 배우 중 백인의 비율이 비정상적으로 높기는 하지만) 심지어는 고대나 중세 영어를 접할 수도 있습니다. 그리고 교과서에서는 절대 배울 수 없는 비속어, 은어, 심지어 욕설 등의 일상생활 표현을 들을 수도 있습니다.

교과서 영어의 한계를 벗어나 원어민들이 구사하는 자연스러운 영어를 경험하고 싶다면 아마도 미드보다 좋은 교재를 찾기는 어려울 겁니다. 단, 욕설이 난무하는 18세 이상 관람가 미드에 심취하게 되면 입이 거칠어지는 부작용이 생길 수 있으니 조심하셔야 합니다.

두 번째, 미드는 재미있는 학습자료입니다.

책은 주로 시각을 활용하는 학습 자료이고 오디오 듣기 파일은 주로 청각을 이용하는 학습 자료입니다. 이렇게 한 가지 감각을 주로 사용하는 학습 자료로 공부하다 보면 쉽게 흥미를 잃는 부작용을 경험할 수 있습니다. 미드는 시각뿐만 아니라 청각적인 요소도 활용할 수 있는 학습 자료입니다. 화려한 의상과 세트, 나의 귀를 즐겁게 해 주는 음악과 충격적인 특수 효과, 나의 눈을 호강시켜주는 멋진 배우들을 보면서 어떻게 지루할 수 있겠습니까? 그리고 미드에는 대부분의 영어 교재들이 간과하고 있는 '스토리'가 있기 때문에 이야기가 어떻게 전개되는지 궁금한 학습자들은 누가 시키지 않아도 능동적으로 '미드 시청 학습'에 참여하게 됩니다.

다양성 역시 미드가 가지고 있는 큰 장점입니다. 사랑, 범죄, 사극 등 제한적인 장르를 다루는 우리나라와는 달리 경찰, 의학, 시트콤, 코미디부터 시작해서 판타지, 공상 과학, 공포, 역사, 위인 등 헤아릴 수 없을 정도로 많은 장르가 있어서 학습자들은 취향에 맞는 미드를 골라서 볼 수 있습니다. 또한 메이저 영화사들이 드라마 제작에 참여하기도 하고 HBO, Showtime, Netflix 등의 방송사들 역시 막대한 자금을 동원하기 때문에 몇몇 미드는 할리우드 영화 같은 우수한 작품성을 가지고 있기도 합니다.

과거에는 TV 출연 배우와 영화 출연 배우의 경계가 명확했다면 요즘은 니콜 키드먼, 줄리아 로버츠, 조지 클루니 등 A급 할리우드 배우들이 미드의 작품성을 인정하고 미니시리즈 장르에 출연하기도 합니다. 그리고 폭력적인 장면, 성적 묘사, 욕설 사용 등이 비교적 자유로워 좀 더 사실적인 재미를 원하는 사람들에게 미드만큼 좋은 오락거리는 없습니다.

세 번째, 미드는 구하기가 쉽습니다.

인터넷이 널리 보급되기 전에는 오직 DVD나 VHS를 통해서만 미드를 시청 할 수 있었습니다. 초고속 인터넷이 나오기 전에는 미드 한 시즌을 다운받는 데 몇 시간씩 걸렸죠. 이처럼 미드가 좋다는 것은 알고 있지만 미드에 대한 접근성이 떨어지다 보니 2000년대 중반까지만 해도 미드로 영어 공부를 하는 사람들이 많지 않았습니다. 하지만 인터넷이 발달하면서 미드 에피소드 하나를 단 몇 분 만에 다운받을 수 있게 되었고 더 나아가 다운받지 않고도 온라인 스트리밍을 통해 실시간으로 볼 수 있는 시대가 되었습니다. 인터넷 사용료나 약간의 스트리밍 서비스 이용료만 지불하면 몇 번의 클릭만으로도 여러분이 원하는 미드를 감상하면서 현지 영어를 공부할 수 있습니다. 이제는 비싼 원어민 영어 학원을 등록하거나 DVD 세트로 구성된 두꺼운 교재를 살 필요가 없습니다.

지금까지 영어 교재로서 미드의 장점을 소개해 드렸습니다. 이제는 미드를 이용하여 영어 공부를 어떻게 하는지 구체적으로 살펴보도록 하겠습니다. 그 이전에 도대체 미드가 무엇인지, 미드의 정체를 좀 더 알아볼 필요가 있습니다.

미드의 종류

'미드'는 '미국 드라마'를 줄인 말로 영어를 사용하는 배우들이 미국을 배경으로 등장하는 드라마를 지칭합니다. 영국 드라마 '셜록'의 영향으로 '영드'라는 신조어도 등장했지만, 편의상 '영드' 역시 '미드'로 분류하는 경향이 있습니다.

미드로 영어 공부를 하려면 가장 먼저 나에게 맞는 미드를 선택해야 합니다. 일 년에 수십 편의 새로운 미드가 제작되는 상황에서 특정 미드를 추천하는 것보다 미드에 어떤 종류가 있는지를 먼저 말씀드리는 게 더 좋을 것 같습니다. 보통 많은 분이 장르에 따라 미드를 분류하는데 저는 제작사나 방송사에 따라 분류하는 것이 바람직하다고 생각합니다. 우리나라에서 공중파, 케이블, 종편 방송사에서 제작하는 프로그램의 성격이 다르듯 미국 역시 누가 만드는지에 따라 방송 시간이나 제작 퀄리티, 스토리의 다양성, 폭력이나 성적 수위, 캐스팅되는 배우, 방송 횟수가 크게 달라집니다. 그럼 방송사의 성향에 따라 미드의 성격이 어떻게 차이가 나는지 알아보도록 하겠습니다.

맨 먼저 가장 대표적인 미드, 공중파 미드입니다.

NBC, ABC, CBS, PBS는 미국의 대표적인 공중파 방송사입니다. 이들이 제작하는 미드는 외설적인 내용을 다루지 않고, 욕설이나 잔인한 장면을 보여주지 않아서 성별, 나이를 불문하고 모든 사람에게 바람직한 영어 교재가 될 수 있습니다. 우리나라에서 미드의 최초 전성기를 이끌었던 〈Friends〉나 〈Lost〉, 〈ER〉 등의 드라마가 모두 이 공중파 방송사들의 작품입니다.

공중파 미드의 방송 시간은 일반 드라마의 경우에는 1시간, 시트콤은 30분으로 편성되어 있지만 실제로 광고 시간을 제외하면 드라마는 42분, 시트콤은 22분 정도로 비교적 짧습니다. 2000년대 초반까지만 해도 공중파 미드는 미국뿐만 아니라 우리나라에도 큰 인기를 얻었지만, 지금은 케이블 방송사나 스트리밍 서비스에 '미드의 왕좌'를 빼앗긴 실정입니다.

* 추천 공중파 미드 : Grey's Anatomy (ABC) / Modern Family (ABC) /

This Is Us (NBC) / 30 Rock (NBC) / Law & Order (NBC) / Super-
natural (The CW) / The Flash (The CW)

두 번째는 요즘 가장 인기 있는 케이블 미드입니다.

요즘 우리나라에서 케이블 방송사 드라마들이 시청자들로부터 큰 인기를 얻고 있는데요, 미국에서 이런 현상은 매우 오래전부터 있었습니다. HBO, Showtime, AMC, TNT, CINE-MAX 등의 케이블 방송사들이 제작하는 드라마는 공중파 미드와는 매우 다른 성격을 가지고 있습니다. 우선 케이블 방송사들은 막대한 제작비를 동원하여 할리우드 영화와 비교해도 손색이 없는 작품을 만들어 내고 있습니다. 특수효과, 의상, 메이크업뿐만 아니라 할리우드 최고의 감독, 작가, 배우들 역시 케이블 드라마에 투입되어 자신의 역량을 한껏 뽐내고 있기 때문에 정말 재미있는 드라마가 많습니다.

케이블 드라마의 또 다른 장점은 감독이 상상력을 발휘하는데 큰 제약이 없다는 것입니다. 성인을 대상으로 하는 드라마의 경우 욕설뿐만 아니라 성적 수위가 높은 장면, 폭력적인 장면들을 사실적으로 보여주고 있어서, 공중파 미드가 밋밋하게 느껴질 정도입니다.

또한 시간적인 제약에서도 자유롭습니다. 공중파가 일반 미드의 경우 42분, 시트콤의 경우 22분이라는 러닝타임을 절대적으로 지켜야 하지만 케이블 드라마는 중간 광고가 붙지 않기 때문에 1시간 이상의 러닝타임을 가지기도 하고 22분보다 더 짧게 만들어질 수도 있습니다. 공중파가 한 시즌을 24개의 에피소드로 방송하는 경향이 있다면 케이블 드라마는 에피소드의 수를 유연하게 조절할 수도 있습니다. 시즌제로 하지 않고 미니시리즈처럼 4~6개 정도의 에피소드로만 끝내는 드라마도 있는데 마치 디테일이 살아 있는 영화를 5시간 동안 보는 느낌이 들기도 합니다.

케이블 드라마가 가진 장점이 워낙 많다 보니 HBO, Showtime 등의 드라마에 한 번 빠진 분들은 공중파 미드를 보지 않는 경향이 있습니다. 하지만 미국에서 케이블 드라마는 비싼 유료 채널이라서 프리미엄 케이블에 가입하지 않으면 쉽게 시청할 수 없습니다. 그래서인지 여행을 가면 밖에 나가지 않고 호텔 방에서 HBO만 보겠다고 농담하는 미국인들도 있습니다.

* 추천 케이블 미드 : Game of Thrones (HBO) / Big Little Lies (HBO) / Euphoria (HBO) / Homeland (Showtime) / The Affair (Showtime) / The

세 번째는 온라인 스트리밍 드라마입니다.

한때 국내 미드 마니아들의 필수 아이템은 대용량의 하드 디스크였습니다. 미국 현지에서 TV를 볼 수 없으니 인터넷으로 미드를 다운로드 받아야 했습니다. 720P 화질의 미드 한 편은 보통 1.3GB 정도의 파일인데 한 시즌을 모두 다운받으려면 약 20GB 정도의 하드 디스크 용량이 필요합니다. 인터넷 속도 역시 중요했습니다. 영상을 다운 받는 시간 만큼은 이 세상 어떤 시간보다도 긴 시간 이었으니까요. 여기에 에피소드에 맞는 자막까지 구해야 하니 미드를 즐기기 위해서는 엄청난 수고와 정성을 기울여야 했습니다.

이제 소개하고자 하는 온라인 스트리밍 서비스는 미드 마니아들의 이런 수고를 덜어주는 최고의 매체입니다. 온라인 스트리밍 서비스는 방송사가 거대한 인터넷 서버에 미드나 영화를 올려 두면 가입자들이 인터넷으로 접속해서 다운로드를 받지 않고 실시간으로 콘텐츠를 시청하는 방식입니다. 서버에만 접속하면 세계 어느 곳에서도 실시간으로 TV 드라마를 시청할 수 있습니다. 실제로 저는 미국 플로리다에 사는 친구, 영국 런던에 있는 친구와 함께 각자의 집에서 Netflix 방송을 같은 시간에 동시 시청한 적이 있습니다. 시차는 완전히 다르지만, 온라인 스트리밍을 통해서 내가 원하는 방송을 원하는 시간에 볼 수 있기 때문에 가능한 일입니다.

시간적, 공간적인 제약이 없는 것도 장점이 되겠지만 온라인 스트리밍의 가장 큰 장점은 무궁무진한 콘텐츠에 있습니다. 드라마뿐만 아니라 최신 영화, 다큐멘터리, 예능, 애니메이션, 토크쇼 등 다양한 영상들을 매우 저렴한 가격에 관람할 수 있습니다. 드라마의 경우는 미국뿐만 아니라 영국, 호주, 남미, 프랑스, 태국, 일본 등 세계 각지에서 제작된 작품들을 영어 자막으로 감상할 수 있습니다.

온라인 스트리밍 서비스 역시 케이블처럼 유료로 가입을 해야 합니다. 하지만 커피 두 잔 가격이면 컴퓨터나 핸드폰, 태블릿 PC 등 어떤 기기든 상관없이 쉽게 시청할 수 있습니다. 가장 대표적인 온라인 스트리밍으로는 Netflix, Hulu, Amazon Prime 등이 있습니다. 시장이 점점 커지고 있어서 공중파나 케이블 방송사들도 경쟁에 뛰어들 전망이며 애플 역시 스트리밍 서비스를 통해서 자체 프로그램을 제작할 예정입니다.

네 번째로 소개하는 드라마는 영드입니다.

이제 미국 드라마가 지겨워지기 시작했다면 이제 영국 드라마에 눈을 돌리실 때가 된 겁니다. 수많은 방송사가 경쟁적으로 드라마를 찍어내는 미국과는 달리 영국 드라마는 Channel 4, BBC, ITV 정도만이 제작하고 있습니다. 하지만 방송사의 수가 작다고 드라마의 퀄리티가 낮은 것은 아닙니다. 특수효과 등의 기술적인 부분은 보완이 필요하지만, 영국 드라마는 미드에서는 상상할 수 없는 참신한 스토리와 배우들의 열연, 제인 오스틴, 셰익스피어 등의 고전 작품을 스크린으로 풀어내는 노련함을 가지고 있습니다. 영국 드라마라고 하면 우리나라 사극처럼 시대극이 많을 거로 생각하시겠지만 〈셜록〉, 〈닥터 후〉, 〈스킨스〉, 〈블랙 미러〉 등 세계적인 마니아를 형성하고 있는 현대물도 많고 수준 높은 영드는 미국에서 리메이크하기도 합니다.

영드는 미드처럼 많은 에피소드를 만들지 않고 주로 10개

이하의 짧은 에피소드로 제작됩니다. 3개 이하의 미니시리즈도 많이 있으니 드라마의 결론을 빨리 보고 싶은 분들에게는 영드가 안성맞춤입니다. 등급에 따라 다르겠지만 욕설이나 성적 수위 등은 유럽 드라마답게 센 편입니다.

영어 교재로서 영국 드라마의 가장 큰 장점은 영국 영어와 문화를 간접적으로 경험할 수 있다는 점입니다. 만일 미국 영어에만 길들어 있는 분들은 진짜 영국식 영어를 처음 접하면 당황할 겁니다. 소리가 입으로 터져 나오지 않고 입안에서 맴돌다가 사라지는 느낌이 들거든요. 제 미국인 친구는 영국 사람들이 '소리를 먹는다'라고 표현 합니다. 좀 더 억센 악센트를 구사하는 스코틀랜드나 아일랜드 영어는 미국인들도 자막을 켜고 볼 정도로 이해하기가 힘듭니다. 그러나 영어는 미국 말이 아니라 전 세계 사람들이 사용하는 공용어이기 때문에 익숙하지 않아도 영국 영어를 자주 접할 필요가 있습니다. 영국 사람을 만나거나 영국으로 어학연수를 가면 좋겠지만 그럴 여건이 마련되지 않는다면 영국 드라마를 통해서 간접적인 영국 영어 체험이 가능합니다.

* 추천 영국 드라마 : Downton Abbey (ITV) / The Great British Bake off (BBC) / Broadchurch (ITV) / Coupling (BBC) / The Crown (Netflix) / Sex

Education (Netflix) / The Fall (BBC)

　지금까지 미드가 무엇이고 어떤 종류들이 있는지 살펴보았습니다. 이제는 미드로 어떻게 공부하는 습관을 가지는게 좋은지 살펴보도록 하겠습니다.

[따라하자!!] 미드로 영어를 즐기는 습관 10가지

1) 공부 대신 일단은 즐겨라

저는 '미드로 공부한다'라는 말이 어색하게 들립니다. 공부는 두꺼운 책을 펼치고 책상에 앉아서 집중해야 하는 일입니다. 그리고 공부는 스트레스가 병행되는 활동이죠. 하지만 텔레비전 시청은 고도의 집중력이 필요한 일도 아니고, 스트레스를 받는 활동도 아닙니다.

저는 미드를 보면서 '공부를 한다'는 생각을 단 한 번도 가져 본 적이 없습니다. 그냥 취미활동처럼 시간이 날 때마다 미드를 즐기다 보니 자연스럽게 영어 실력이 늘었거든요. 영어 실력 향상을 위해서 미드를 보려고 하지 말고 일단 미드를 한국 드라마 시청하듯이 즐기려는 마음으로 시작하세요. 습관처럼 미드를 즐기다 보면 영어 실력도 자연스럽게 향상될 것입니다. 영어 단어를 외우거나 문법 공부를 하는 데 100이라는 집중력을 사용한다면 미드를 볼 때는 30 정도만 사용해도 됩니다. 나머지 70은 부담 없이 즐기고자 하는 마음으로 채워주세요.

2) 초보는 적어도 2~3개월 사전 학습 후 미드 시청을 해라

수영을 처음 시작하면 대개 무릎 깊이의 유아용 수영장에서 호흡법과 발차기를 배웁니다. 물에 뜨지도 못하고 호흡하는 법도 모르는데 발이 닿지 않는 깊은 곳에서 무작정 시작하면 기본 동작을 효과적으로 배울 수도 없고 더 나아가 물에 대한 공포가 생길 수도 있습니다.

미드를 보는 것도 이와 비슷합니다. 저는 영어 기초가 전혀 없는 왕초보들에게는 미드 시청을 권하지 않습니다. 단어 실력이 중학교 수준은 되고, 말은 못하더라고 아주 기본적인 일상 대화 표현은 듣고 이해하는 정도가 되어야 대충이라도 스토리를 이해할 수 있습니다. 재미있게 공부하려고 미드를 선택했는데 대사마다 모르는 단어들이 쏟아져 나와 사전을 계속 찾아야 한다면 그냥 교재로 공부하는 것보다 더 큰 스트레스가 될 것입니다.

영어 공부를 오랫동안 쉬고 있었던 분들은 단어 외우기, 영어 패턴 익히기 등의 영어 공부를 2~3개월 정도 한 뒤에 미드로 영어 공부를 시작하세요. 미드에 자주 등장하는 표현을 묶은 영어 단어집을 활용하는 것도 큰 도움이 됩니다. 그 이전에는 영어 교재처럼 미드에 접근하지 말고 한글 자막을 보면서 한국 드라마를 보듯이 즐기셔도 됩니다.

3) 1일 1미드를 시청하라

binge watching이란 말이 있습니다. 텔레비전 프로그램을 몇 시간이고 쉬지 않고 계속 시청한다는 말인데요. binge watching은 미드로 영어를 공부하는 분들이라면 피해야 하는 습관입니다. 도장 깨기처럼 한 번에 미드를 몰아서 보면 영어 실력 향상이라는 부산물을 얻기 힘듭니다. 스토리를 더 잘 이해하고자 한국어 자막만 틀어 놓고 미드를 볼 수도 있고, 스토리 외 문장이나 영어 표현 같은 것들을 신경 쓰지 않고 볼 수도 있기 때문입니다.

우리가 미드를 보는 이유는 즐기기 위한 것도 있지만 영어 실력 향상이라는 목표도 있잖아요. 영어 실력 향상을 위해서는 꾸준히 학습하는 습관이 필요한데 이렇게 한꺼번에 밀린 방학 숙제하는 것처럼 시청하면 습관이 잡히지 않을뿐더러 학습의 효과도 크게 떨어집니다. 또한 TV를 보는데 너무 많은 시간을 보냈다는 죄책감이 들 수도 있습니다.

binge watching 대신 저는 1일 1미드 시청을 권장합니다. 하루에 1개 정도 시청하면 한 달이면 충분히 한 시즌을 끝낼

수 있습니다. 요즘은 미니시리즈가 더 유행이니까 평일에 1
개씩 시청을 해도 보름이면 한 시즌을 마칠 수 있어요. 공중
파 미드가 42분, 케이블 미드가 한 시간 정도의 러닝 타임인
데 그 시간마저 확보할 수 없다면 시간이 날 때마다 잘라서
시청을 해도 되고 상대적으로 러닝타임이 짧은 시트콤을 시
청해도 됩니다. 저는 핸드폰을 활용해서 출근 시간이나 헬스
클럽에서 운동하는 시간, 다림질이나 설거지를 하면서 미드
를 시청합니다. 저처럼 자투리 시간을 잘 활용해서 하루에 1
개의 미드를 끝내는 습관을 기르도록 하세요. 책상에 앉아서
하는 공부가 아닙니다.

4) 자신의 실력에 맞는 미드를 선택해라

미드로 영어 공부를 할 때 가장 중요한 것은 자신에게 맞
는 미드를 선택하는 것입니다. 처음 미드로 영어 공부를 하는
분들은 반드시 자신의 영어 실력을 우선적으로 고려해야 합
니다. 아무리 정치 드라마나 스릴러를 좋아한다고 해도 기본
적인 영어 실력이 없다면 복잡한 스토리를 파악하는 것이 힘
들어 결국 한글 자막에 의존하게 됩니다.

영어에 자신이 없는 분들은 시트콤이나 코미디로 시작하

세요. 가족이나 친구 관계 등 우리의 일상생활을 다루기 때문에 이해하기 쉬운 수준의 대사로 구성되어 있습니다. 스토리 역시 단순하기 때문에 이해하지 못하는 대사가 있어도 미드의 흐름을 파악하는데 그렇게 어렵지 않습니다. 또한, 에피소드별로 일어나는 사건들이 독립적이기 때문에 지난 시간에 방영했던 에피소드를 잘 이해하지 못해도 다음 에피소드를 따라가는 데 큰 무리가 없습니다. 시트콤의 방송 시간 역시 큰 장점이 됩니다. 약 15분에서 30분 정도의 러닝타임이기 때문에 오랜 시간 미드를 시청할 수 없는 분들에게는 최고의 선택이 될 수 있습니다.

코미디가 좋은 영어 학습 교재가 될 수 있지만, 천성적으로 코미디를 싫어하는 분들이나 미국의 유머 코드를 도저히 감당할 수 없는 분들에게는 가족 관련 드라마나 연인들의 사랑을 다루는 로맨스 드라마를 추천합니다. 가족이나 사랑은 전 세계를 막론하는 보편적인 소재이기 때문에 어려운 영어 단어가 등장하지도 않고 또한 대사를 놓치더라도 인물의 관계를 파악하는 데 큰 무리가 없습니다.

인물 간의 선악 대비가 뚜렷한 슈퍼 히어로 장르나 좀비, 악령이 출연하는 호러 드라마 역시 미드 초보들에게 좋습니다. 싸움 장면이 많기 때문에 대사의 분량이 다른 드라마에 비해 많지 않아 영어에 부담이 적을 뿐만 아니라 착한 편과 악당을 알고 있으면 드라마의 흐름을 따라가는 데 큰 무리가 없습니다. 단, 폭력적이고 혐오스러운 장면이 나올 수도 있으니 빨리 감기 버튼이 어디에 있는지 미리 알아 두셔야 합니다.

정치 드라마나 법정 드라마는 미드 초보들이 피해야 하는 장르입니다. 대사에 어려운 전문 용어들이 너무 많이 등장하거든요. 그런 단어들은 일상 대화에서 자주 쓰는 표현들이 아니기 때문에 영어 초보들의 수준에는 적절하지 않습니다.

중세 시대 등의 시대물 드라마 역시 피하도록 하세요. 우리나라 사극에 나오는 대사가 현대에는 쓰이지 않는 것처럼 미드 사극에서 사용하는 말투나 표현 중 요즘 시대에 사용하면 비웃음을 살 만한 것들이 많이 있습니다. 영어를 처음 공부하는 분들은 그게 사극 영어인지 현대 영어인지 구별할 수가 없습니다. 영어 실력이 좀 더 갖춰질 때까지 시청을 기다리는 게 좋습니다. 그리고 미드 사극의 영어는 대부분 영국 영어입니다. 미국 발음에 길든 우리나라 학습자가 단번에 영국 드라마의 대사를 이해하기는 거의 불가능합니다. 그리고 영국 영어는 단어와 표현에서도 미국 영어와 약간 차이가 있습니다. 영국 드라마 역시 영어 초보인 분들에게 적절하지 않습니다. 미드로 여러분의 실력이 조금 업그레이드되었다고 생각될 때 영국 드라마를 꺼내 보도록 하세요.

지금 어떤 미드가 가장 인기 있는지 알고 싶다면 IMDb 사이트를 활용하세요. IMDb는 영화, TV 프로그램, 배우 등에 관한 정보를 제공하는 세계 최대 규모의 인터넷 데이터베이스입니다. IMDb에서는 사용자들의 평점을 기반으로 가장 인기 있는 미드 Top 100을 선정하고 있어서 지금 어떤 미드가 핫한지 쉽게 알 수 있습니다. 100위 안에 들어가 있는 미드를 클릭하면 그 미드에 관한 짧은 소개는 물론 출연진, 수상 여부, 그와 유사한 미드 등의 정보를 확인할 수 있고 무엇보다 1분가량의 프리뷰 영상을 볼 수 있어서 여러분이 미드를 선택하는 데 큰 도움이 됩니다. 또한 개편 시즌 때 새로 시작하거나 폐지될 운명에 있는 미드를 소개하기도 하고 이번 달에 꼭 봐야 하는 영화나 미드를 알려 주기도 합니다. 워낙 영화나 드라마를 좋아하기 때문에 저는 IMDb 앱을 핸드폰에 설치해 두고 시간이 있을 때마다 앱을 통해서 최신 영화나 미드 정보를 얻고 있습니다.

5) 학습 도구를 적극적으로 활용하라

우선 미드를 시청할 수 있는 전자기기가 필요합니다. MP4, AVI, MKV 등의 영상 파일을 다운로드받았던 시절에는 대용량의 하드 디스크를 가진 컴퓨터가 가장 중요한 도구였습니다. 하지만 요즘은 인터넷 스트리밍 서비스를 통해서 실시간으로 미드를 볼 수 있기 때문에 핸드폰이나 태블릿 PC를 많이 활용하는 추세입니다. 저도 핸드폰으로 미드를 즐기고 있는데요, 지하철로 출근할 때나 헬스장에서 운동할 때 미드를 감상할 수 있습니다. 물론 온라인 스트리밍 서비스에 가입하지 않았거나 큰 화면으로 미드를 감상하고 싶으신 분들은 컴퓨터를 이용해도 됩니다.

이어폰 역시 필수 아이템입니다. 여러 사람이 있는 공간에서 미드를 봐야 하는 상황이라면 이어폰을 사용하는 게 당연하겠죠. 하지만 초보자들의 경우 혼자서 미드를 볼 때도 이어폰 사용을 하는게 좋습니다. 스피커로 듣는 것보다 이어폰을 사용하면 대사가 좀 더 명확하게 들리거든요.

미드를 보는 습관이 어느 정도 생겼다면 이제는 반대로 이어폰 사용을 조금씩 줄여야 합니다. 이어폰을 끼고 듣기 시험 연습을 할 때는 명확하게 들리지만, 교실에서 방송 스피커로 시험을 칠 때는 소리가 공중으로 퍼져 잘 들리지 않는 듯한 경험 다들 있으시죠? 일상 대화를 할 때도 주변 소음이나 말하는 사람의 성량 때문에 잘 들리지 않는 경우가 많이 있습니다. 이어폰을 통해서 대화하는 사람은 없으니까요. 이럴 때를 대비해서라도 이어폰 없이 스피커로 미드 대화를 듣는 연습을 해야 합니다.

인터넷 사전 역시 필요합니다. 모르는 단어나 표현들이 여러 번 반복해서 나올 경우 그 뜻을 한 번쯤은 짚고 넘어가야 합니다. 이럴 때 단어를 빨리 검색할 수 있는 인터넷 혹은 핸드폰 전자사전이 필요합니다. 종이 사전은 단어를 찾는 데 시간이 오래 걸리기 때문에 미드 학습에서는 바람직하지 않습니다. 그리고 저는 미드 단어장 만들기를 추천하지 않습니다. 단어장을 펼쳐두고 미드를 시청하면 단어를 찾아야 할 것 같고 꼭 무언가를 써야 할 것 같은 부담이 들어서 미드를 제대로 즐길 수가 없습니다. 기억하시죠? 미드로 영어 학습을 할 때는 취미처럼 부담 없이 해야 더 효과가 있다는 것.

6) 첫 번째, 두 번째 에피소드까지는 한글 자막을 함께 보라

영어 초보자들이 자막 없이 미드를 보는 것은 매우 어려운 일입니다. 특히 영국 드라마나 정치, 법정 등의 전문인이 등장하는 미드에는 자막이 필수입니다. 새로운 미드를 시청하려고 할 때는 처음 5개 정도의 에피소드는 한국 자막을 활용하도록 하세요. 특히 첫 번째, 두 번째 에피소드는 미드의 전체적인 배경과 등장인물을 설명하기 때문에 반드시 한국 자막의 도움을 받는 게 좋습니다.

이야기가 어떻게 흘러가는지 감이 온 것 같으면 이제 한국어 자막 대신 영어 자막을 보면서 미드를 시청합니다. 한 시즌이 끝날 때까지 귀로는 대사를 들으면서, 눈으로는 영어 자막을 읽으면서 드라마를 봅니다. 처음에는 배우들이 워낙 빨리 말을 해서 자막 읽는 일조차도 버거울 수 있습니다. 하지만 서서히 미드에 적응이 되면 자막 읽는 속도도 빨라지게 됩니다. 즉, 원어민의 속도로 듣는 것은 힘들지만 그래도 원어민이 말하는 속도로 대사를 읽는 능력은 생기는 겁니다. 이것만 해도 큰 발전입니다. 영어 자막이 있으면 들으려 하지 않고 눈으로 읽기만 해서 듣기 능력 향상에 별 도움이 안 된다고 반박할 수 있겠지만 내가 듣고 있는 대사를 눈으로 읽는 것만으로도 듣기 실력이 조금씩 향상될 수 있습니다. 그리고 영어 자막마저 볼 수 없다면 드라마의 흐름을 쉽게 파악할 수 없기 때문에 미드를 보는 내내 물 없이 고구마를 먹는 느낌이 들지도 모릅니다. 꾸준히 미드를 보는 습관을 지니게 되면 언젠가는 영어 자막 없이도 미드를 감상할 수 있는 날이 올 것이니 자막에 대한 부담은 내려놓으세요.

7) 미드 시청 중 사전을 너무 자주 찾지 마라

영어 자막을 켜고 미드를 시청할 때 모르는 표현이나 단어가 등장할 수도 있습니다. 그럴 때마다 일시 정지 버튼을 눌러 놓고 사전을 찾지 마세요. 시청 흐름이 끊어질 뿐만 아니라 미드 진도를 제대로 뺄 수도 없습니다. 몇몇 대사를 이해하지 못해도 스토리를 이해하는 데 크게 지장이 없습니다. 미드 시청은 새로운 단어나 표현을 알기 위해서 하는 것이 아니라 내가 이미 가지고 있는 영어 지식을 다시 확인하는 학습 방법이라는 걸 잊지마세요.

미드 학습에서 사전을 펼칠 때는 두 가지 경우입니다. 분명히 어디서 본 단어 같은데 뜻이 가물거릴 경우와 새로운 단어가 그 미드에 반복적으로 등장하는 경우입니다. 사전으로 검색을 하고 싶을 때는 드라마를 일시 정지하지 말고 찾고 싶은 단어를 따로 적어 두고 드라마를 다 본 후 찾아봅니다. 미드의 몰입을 방해하지 않기 위함입니다. 그리고 한 에피소드 당 5~7개 이상의 표현은 찾지 마세요. 재미있자고 시작한 미 드 시청에서 단어장을 만들고, 쪽지 시험을 치는 등의 공부 활동을 하게 되면 부담이 늘어 나중에 미드 공부를 포기하게 될지도 모릅니다.

8) 하나만 반복하기보다는 여러 종류를 많이 보는 게 낫다

처음에는 한글 자막으로 보고, 두 번째는 영어 자막으로 그리고 마지막은 자막 없이 미드를 봐야 한다고 하는 분들도 있습니다. 저는 같은 에피소드를 재탕, 삼탕해서 보지 않습니 다. 앞에서 말씀드렸다시피 미드를 활용하는 학습은 재미가 70% 이상을 차지한다고 생각합니다. 이미 스토리를 다 알고 있는 미드를 다시 반복해서 보는 일은 김빠진 사이다를 억지 로 마시는 것과 같습니다. 단어와 표현을 정확하게 체크하기 위해서 같은 미드를 반복해서 본다면 영어 진도가 안 나갈 뿐만 아니라 흥미도 떨어지게 됩니다. 계속해서 같은 미드를 귀에 익을 때까지 반복하는 것보다 여러 미드를 많이 섭렵하 는 것이 더 효과적입니다.

9) 나랑 궁합이 맞지 않는다면 얼른 다른 미드로 넘어가라

남들이 '인생 미드'라고 해서 열심히 시청했는데 도통 무슨 소리를 하는지, 또 이게 왜 재미가 있는지 이해가 안 되는 것들도 있습니다. 그런 미드들은 여러분들과 궁합이 맞지 않는 겁니다. 궁합이 맞지 않는 미드를 억지로 보면서 시간을 낭비하지 마세요. 과감하게 여러분의 하드 디스크에서 지우거나 넥플릭스의 '마이 리스트'에서 삭제하도록 하세요. 매년 수십 편의 미드들이 쏟아져 나오는데 내 취향에 맞는 '인생 미드' 하나 없겠습니까? 데이트도 많이 해 봐야지 나의 사람을 빨리 찾을 수 있는 것처럼 미드도 이것저것 많이 봐야지 '인생 미드'를 찾을 수 있습니다.

또한 시즌 1, 2가 재미있다고 다음 시즌도 재미있을 거라고 생각하지 마세요. 시즌이 지날수록 이야기가 산으로 가는 미드들도 있습니다. 지난 시즌에 직장 동료였던 두 남녀가 다음 시즌에서 갑자기 연인으로 등장하더니 또 다음 시즌에서는 여자가 다른 여자를 사랑하게 되는 뜬금없는 전개들도 많습니다. 막장이 되어간다는 생각이 들면 과감하게 그 미드와는 결별하고 새로운 미드를 찾아 보세요. 시즌 8까지 오면서 처음의 독창성과 센세이션을 유지하면서 스토리를 전개해

나가는 미드는 매우 드뭅니다.

10) 미드 표현집을 구해서 함께 보면 좋다

미드는 공부를 좋아하지 않는 분들에게 최적인 학습 자료입니다. 모르는 표현을 웬만하면 찾지 않아도 되고 책상에 앉아서 뭔가를 끄적이지 않아도 되니 말입니다. 만일 미드를 가지고 일반 영어 공부를 하듯이 깊게 하길 원한다면 미드 관련 교재를 살 것을 추천합니다.

미드의 효과를 알고 있는 출판사들은 미드 관련 단어집, 패턴 교재, 읽기 자료, 심지어는 문법 교재 등을 분기마다 만들어내고 있습니다. 수많은 교재 중에서도 미드에 자주 등장하는 단어, 표현을 다루는 책들이 가장 좋습니다. 일반 단어집들은 시험에서 자주 출제되는 단어를 선별한 경우가 많지만 미드 표현 집은 생활 영어에서 자주 사용되는 표현을 추려 놓았기 때문에 영어 회화 실력을 늘리는 데도 매우 효과적입니다. 미드 단어집을 공부하는 방법은 앞에서 소개해드린 '단어집을 사용하는 습관' 편을 참고하세요.

[강추!!] 영어 공부하기에 좋은 미드 10

1) Modern Family (ABC)

〈Modern Family〉를 강력히 추천하는 이유는 추수감사절, 할로윈 등의 미국 문화뿐만 아니라 아이들의 학교 생활, 어른들의 직장 생활, 가족 및 이웃 관계 등의 미국 사회의 단면을 재미있게 표현하고 있기 때문입니다. 또한 각 에피소드가 독립적인 스토리를 다루고 있어서 이전 에피소드를 보지 않고도 줄거리를 이해할 수 있고 에피소드마다 감동적인 결말을 보여주고 있습니다. 아이들의 영어, 성인들의 영어, 이민자들의 영어까지 경험할 수 있어 영어 학습에 있어서는 최선의 선택이라 할 수 있습니다.

* 유사 추천 미드 : The Big Bang Theory (CBS) / Kim's Convenience (CBC) / The Simpsons (FOX) / Seinfeld (NBC) / Arrested Development (FOX)

2) Daredevil (Netflix)

제가 〈Daredevil〉를 좋아하는 이유는 단 한 가지, 가장 현실적인 영웅을 다루는 드라마이기 때문입니다. 〈Daredevil〉에 등장하는 영웅은 초 사이언과 같은 초능력이 없는 인간다운(?)

캐릭터입니다. 시각 장애인이지만 낮에는 가난한 이를 대변하는 변호사로, 밤에는 맨주먹으로 Hell's Kitchen에서 정의를 수호하는 숨은 영웅입니다. 영웅으로 변한 주인공의 대사가 잘 들리지 않는다는 점과 각 시즌당 10개의 에피소드밖에 없다는 점을 제외하고는 최고의 액션 드라마라고 할 수 있습니다.

  * 유사 추천 미드 : Arrow (The CW) / The Umbrella Academy (Netflix) / The Boys (Amazon Prime) / The Flash (The CW) / Agents of S.H.I.E.L.D. (ABC)

3) Downton Abbey (ITV, PBS)

20세기 초 영국의 대저택 'Downton Abbey'를 배경으로 귀족 가족과 그들을 섬기는 하인들을 주인공으로 하는 영국 드라마입니다. 일반 드라마가 한두 명의 주인공을 축으로 다른 인물이 그들을 보조하는 방식을 선보인다면 이 드라마는 등장인물 모두가 주인공입니다. 처음 이 드라마를 보면 등장인물이 많아 혼란스러울 수 있지만, 에피소드를 거듭하면서 인물 간의 관계가 자연스럽게 정리됩니다. 영국 드라마이지만 오히려 미국에서 선풍적인 인기를 얻어 미국에서 〈Downton Abbey〉 특별 전시회를 개최하기도 하였고, 급기야 영화로까지도 제작되었습니다. 영국 영어 그것도 19세기, 20세기 영국 귀족 영어이기 때문에 영문 자막이 꼭 필요합니다. 이 드라마에서 가장 사랑스러운 인물은 노년의 매기 스미스 (Maggie Smith) 입니다. 우리나라에서 해리포터 미네르바 교수로 더 유명합니다. 그녀의 뻔뻔한 연기에 박장대소하지 않을 수가 없습니다.

* 유사 추천 영드 : The Crown (Netflix) / Outlander (Starz) / The IT Crowd (Channel 4) / The Great British Bake off (BBC) / Doctor Who (BBC)

4) The Fall (BBC)

〈Downton Abbey〉와는 완전히 다른 색깔의 영국 드라마입니다. 여성만을 골라 무참히 살해하는 연쇄 살인범과 그를 추격하는 여형사의 이야기입니다. 유부남에 아이까지 있는 정신과 의사 연쇄 살인범은 〈50가지의 그림자〉로 잘 알려진 제이미 도넌(Jamie Dornan)이, 그를 쫓는 여 형사는 〈The X-Files〉의 '스칼렛 요원'으로 유명한 질리안 앤더슨(Gillian Anderson)이 연기하였습니다. 질리안 앤더슨이 등장한다는 것만으로도 그리고 그녀가 다시 냉철하고 지적인 여형사로 나온다는 것만으로도 이 드라마를 선택하기에 충분한 이유가 됩니다. 북아일랜드를 배경으로 하는 드라마이기에 우리가 알고 있는 영국 영어와는 또 다른 발음을 경험할 수 있습니다. 각 시즌당 5개의 에피소드밖에 없어서 아끼며 보고 싶은 영드입니다.

* 유사 추천 영드 : Broadchurch (ITV) / Wallander (BBC) / The Bodyguard (Netflix) / Hinterland (BBC) / Luther (BBC)

5) 24 (Fox)

테러리스트를 막기 위한 잭 바우어 요원의 고군분투하는 24시간을 보여주는 미드입니다. 2001년에 방영이 되었지만 치밀한 구성과 반전의 매력 때문에 요즘 만들어지는 미드와 비교해도 전혀 뒤떨어지지 않는 명작입니다. 처음 몇 에피소드를 볼 때는 스토리 배경과 인물 간의 관계를 파악하기 위해서 자막을 활용할 것을 추천합니다. binge watching 할 가능성이 높은 드라마이기 때문에 하루에 1, 2개 정도만 보도록 합니다. 시즌이 뒤로 갈수록 이야기가 산으로 흘러가기 때문에 시즌 3 정도까지 시청하는 것이 제일 좋습니다.

* 유사 추천 미드 : Designated Survivor (ABC) / Dexter (Showtime) / FBI (CBS) / How to Get Away with Murder (ABC) / True Detective (HBO)

6) Black Mirror (Netflix)

기술로 진화된 미래 사회의 모습을 다룬다는 말에 스토리는 무시하고 컴퓨터 그래픽으로 도배된 삼류 SF 드라마인 줄 알았습니다. 기술의 발전으로 인해 인간의 삶이 어떻게 바뀌게 될지 그리고 그런 삶에서 어떻게 행복을 찾을 수 있을 것인지 질문하는 수준 높은 드라마입니다. 에피소드별로 주인공과 스토리가 달라지기 때문에 짧은 영화를 감상하는 느낌이 듭니다. 처음에 영국에서 제작되었다가 국제적인 인기를 얻어 지금은 Netflix에서 제작하고 있습니다. 시즌별로 3개 정도의 에피소드가 있기 때문에 부담 없이 시청할 수 있고 영국 영어를 경험할 수 있습니다.

* 유사 추천 미드 : Altered Carbon (Netflix) / WestWorld (HBO) / Sense8 (Netflix) / The Last Ship (TNT) / The Walking Dead (AMC)

7) The Affair (Showtime)

이 드라마의 줄거리를 두 글자로 하면 '불륜'입니다. 그러나 이 드라마는 결혼한 두 남녀의 사랑을 미화하지도 부정하지도 않습니다. 각 에피소드는 보통 두 파트로 나뉘는데 동일한 사건을 남자의 시선으로 그리고 여자의 시선으로 각각 그려내고 있습니다. 각자가 기억하는 상대의 의상도 다르고 장소의 이미지도 다르며 무엇보다 서로에게 하는 말 역시 약간의 차이가 있습니다. 함께 있더라도 남자와 여자의 시각에 따라 상황을 다르게 해석한다는 점. 이 드라마는 그 미묘한 차이를 섬세하게 보여줍니다. 배우들의 명연기가 이 드라마의 주된 원동력이 되는데 골든 글러브상에서 남녀 주연상을 모두 차지한 작품입니다. 만 18세 이상만 볼 수 있습니다.

* 유사 추천 미드 : This Is Us (NBC) / Grey's Anatomy (ABC) / True Blood (HBO) / Gilmore Girls (The WB) / Big Little Lies (HBO)

8) Homeland (Showtime)

미드를 영어 공부 교재로 사용할 때 절대로 한 번에 몰아서 보지 말라고 했던 제가 이 드라마만큼은 10시간 동안 외출도 하지 않고 계속 binge watching 할 수밖에 없었습니다. 이 드라마는 알카에다에게 포로로 잡힌 미군 해병이 알카에다의 스파이로 미국에 다시 돌아오게 되고, 여성 CIA 요원이 그의 배후를 파헤치는 과정에서 벌어지는 심리 게임을 보여줍니다. 테러리스트와 미국 정부와의 긴장 상태를 잘 그려낸 수작으로 평가받고 있습니다. 드라마의 전체적인 분위기와 스토리를 파악하기 위해서 첫 세 개의 에피소드는 꼭 자막을 활용할 것을 권합니다. 시즌 8까지 제작되었지만 역시 다른 미드처럼 시즌 3까지만 시청하는 것이 좋습니다.

* 유사 추천 미드 : Game of Thrones (HBO) / Ozark (Netflix) / Stranger Things (Netflix) / The Sinner (USA) / The Killing (AMC)

9) And Then There Were None (BBC)

아가사 크리스티(Agatha Christie)의 동명 소설을 원작으로 한 영국 드라마입니다. 3개의 에피소드로 구성된 짧은 미니시리즈인데도 원작이 워낙 좋아 드라마의 쫀쫀한(?) 재미를 보장합니다. 고전 문학 작품을 원작으로 하는 영국 미니시리즈는 매해 출시되는데 고전 작품을 좋아하는 사람들이라면 가끔 'New British TV Miniseries'라고 구글링 해 보면 좋을 것 같습니다. 원작을 배경으로 하는 영드의 경우 원서로 먼저 이야기를 접한 후 드라마 시청하는 것을 추천해 드립니다. 드라마의 스토리를 빨리 이해하는 데 도움이 될 뿐만 아니라 원작과 드라마를 비교하는 재미가 있습니다. 다만 드라마를 보고 원작을 읽으면 스토리를 모두 알고 있어 책을 읽을 때의 긴장감이 없어지는 아쉬움이 있습니다.

* 유사 추천 미드, 영드 : Pride & Prejudice (BBC) / Sense & Sensibility (BBC) / Les Miserables (BBC) / Death and Nightingales (BBC) / Mildred Pierce (HBO)

10) The Americans (FX)

1980년대 미국과 구소련 간의 냉전 시대를 배경으로 한 첩보 드라마입니다. 미국에서 간첩 역할을 하는 러시아 부부가 주인공입니다. 첩보 드라마답게 에피소드마다 긴장의 끈을 놓을 수 없고 러시아 부부 역의 영국 배우 매튜 리스(Matthew Rhys)와 케리 러셀(Keri Russell)의 연기 호흡이 드라마에 더 몰입할 수 있도록 만들어 줍니다. 드라마를 보는 내내 러시아 부부의 완벽에 가까운 변장술과 임기응변에 감탄하지 않을 수 없습니다. 에미상(Emmy Awards) 최우수 드라마 부분과 남우 주연상을 차지할 정도로 작품성을 인정받은 웰메이드 드라마입니다.

* 유사 추천 미드 : The Handmaid's Tale (Hulu) / 13 Reasons Why (Netflix) / Chernobyl (HBO) / The Night Manager (AMC) / Quantico (ABC)

미드로
공부하는
습관 기르기

글, 그림: 라이언

미드는 '**공부**'하지 말고 '**즐겨야**' 한다

왕초보는 2~3개월의 적응 기간을 가져라

1일 1미드를 시청하라

자신의 영어 실력에 맞는 미드를 선정하라

핸드폰, 이어폰, 인터넷 사전이 필요하다

한글 자막, 영어 자막을 잘 활용하라

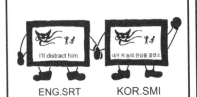

ENG.SRT　　　KOR.SMI

사전을 자주 찾지 마라

여러 번 반복해서 시청하지 마라

궁합이 맞지 않는 미드는 포기하라

미드 관련 표현집을 구입하라

미드는 영어 공부의 꽃이다

3. 한 달 한 권 원서를 읽는 습관

여러분은 한 달에 몇 권의 책을 읽으세요? 2017년 문화체육관광부의 국민 독서 실태 조사에 따르면 우리 국민들은 1년에 평균 8.3권의 책을 읽는다고 합니다. 그럼 한 달에 0.6권 정도를 읽는 것이니 한 달에 한 권의 책도 읽지 않는 분들이 많다는 의미입니다.

부끄러운 고백이지만 글 쓰는 일을 직업으로 하고 있는 저 자신도 책을 많이 읽는 편은 아닙니다. 하지만 Book of the Month라는 책 읽기 프로젝트를 통해서 한 달에 최소 한 권의 책은 읽습니다. 그리고 제가 가르치는 학생들 역시 이 프로젝트에 동참하면서 꾸준히 책 읽는 습관을 기르고 있습니다.

이 프로젝트에서 다루는 책은 모두 영어 원서입니다. 이번 장에서는 '영어 공부의 꽃'이라고 부르는 영어 원서 읽기 습관을 어떻게 기를 수 있는지 알아보도록 하겠습니다.

원서 읽기가 좋은 이유

끼니를 거르며 컴퓨터 게임을 한다거나 손에서 핸드폰을 잠시도 내려놓지 못하는 사람들에게 우리는 '중독'이라는 무서운 단어를 사용합니다. 하지만 책을 항상 끼고 다니며 짬이 날 때마다 독서를 즐기는 사람들에게는 '중독'되었다는 부정적인 시선을 보내지는 않습니다. 아마 독서가 우리에게 매우 유익한 행위라는 것을 직, 간접적인 경험을 통해서 알고 있기 때문이겠죠. '생각이 깊어지고, 삶의 태도가 유연해지며, 생활의 지혜를 얻고, 성격이 차분하게 변한다.' 등. 이렇게 장점이 많은 독서 활동을 영어 원서로 진행하면 다음과 같은 좋은 점이 있습니다.

첫 번째, 단어 실력이 올라갑니다.

영어 원서를 읽으면서 얻을 수 있는 가장 큰 혜택은 단어 실력의 향상입니다. 영어 단어는 절대로 한 번에 외울 수 없습니다. 단어집에서 분명히 암기했는데 며칠만 지나면 '어디서 많이 본 단어 같은데.' 라는 느낌만 있을 뿐 뜻이 정확히 기억나지 않는 경우가 많이 있습니다. 처음 만난 사람을 두 번째로 만나면 얼굴이 익숙해지고 세 번째 만나면 이름까지 완전히 기억하는 것처럼 단어 역시 단어집으로 처음 만나고 다른 문장에서 또다시 접하고 그러다보면 자연스레 점점 암기가 됩니다.

'영어 단어 공부 = 뜻 암기'와 같은 공식처럼 단어의 뜻만 열심히 외웠다면 이제는 내가 외운 단어가 다양한 문장과 문맥 속에서 어떻게 활용되는지를 확인해야 합니다. 많은 문장을 접하기 위해서는 영어 원서만큼 좋은 재료는 없습니다.

두 번째, 긴 호흡의 글을 읽는 데 큰 도움이 됩니다.

수능, 토익 등의 시험 영어에 길들어진 분들은 길어봤자 10문장 정도로 구성된 한 단락의 글을 읽고 문제를 해결하는 활동을 매우 잘합니다. 하지만 짧은 글을 빠른 속도로 읽고 정답을 찾는 능력은 진짜 영어 실력이 아니라 문제 풀이 기술이 좋은 거라 할 수 있습니다. 원어민들도 정답 찾기를 어려워하는 영어 독해 문제를 우리나라 고등학생들이 몇 문장만 해석하고서 척척 정답을 찾아내는 것만 봐도 알 수 있죠.

입시 영어에서 해방되신 분들은 이제 긴 호흡이 있는 영어 읽기를 시작하셔야 합니다. 긴 호흡의 영어 읽기는 영어

칼럼이나 사설, 신문 기사 등을 통해서 훈련할 수 있는데 이런 글들은 초보 영어 학습자들에게는 버거울 수 있으니 자신의 수준에 맞는 영어 원서가 적절한 재료가 될 수 있습니다. 영어 원서는 영어를 잘하는 사람들에게나 어울릴 거라는 고정관념을 버리세요. 왕초보 영어 학습자들이 즐길 수 있는 긴 호흡의 영어 원서들도 많이 있습니다.

세 번째, 문어체 영어에 익숙해집니다.

모든 언어가 그렇겠지만 영어 역시 말로 하는 영어(spoken English)와 글로 하는 영어(written English)가 다릅니다. 영어 사전에서 어떤 표현은 구어체이고, 또 어떤 표현은 문어체로 정의하고 있는 것을 봐도 두 영어가 차이가 있다는 것을 알 수 있죠. 두 영어는 문장 구조에서도 차이를 보이는데, 말을 할 때는 될 수 있는 대로 짧은 문장으로 자기 생각을 표현한다면 글을 쓸 때는 관계대명사나 접속사 등을 활용하여 수식어를 만들어 길게 쓰는 경향이 있습니다.

만일 미드를 통해서만 영어를 배우거나 원어민과의 영어 회화에만 집중한다면 복잡한 구조로 된 영어 문장을 읽는데 다소 어려움을 느낄 수 있습니다. 이렇게 되면 말하기·듣기 능력과 읽기 능력의 불균형이 나타납니다. 또한 활자로 표현되었다고 해서 모두 같은 수준의 영어가 아닙니다. 잡지, 신문 기사의 영어 문장과 영어 원서의 문장은 글의 목적, 작가의 스타일, 해당 독자층에 따라 매우 다른 성격을 가집니다. 정보 전달이 생명인 글에서는 독자가 빠르고 쉽게 이해할 수 있도록 직설적인 문장이 주로 등장하지만 문학 작품은 독자의 상상력을 자극하고 배경, 주인공의 심리 등을 묘사할 수 있도록 디테일이 많은, 즉 호흡이 긴 문장들이 주를 이룹니다. 가끔 인터넷 영어 신문 기사를 읽거나 자신의 관심 분야 영어 블로그만 접하는 분들이라면 에세이나 문학 작품 등의 원서를 읽으면서 다른 스타일의 문장도 경험하셔야 합니다.

네 번째, 완독 했을 때의 성취감은 말할 수 없을 만큼 큽니다.

영어 원서의 마지막 페이지를 읽고 책을 덮는 순간 느낄 수 있는 성취감과 감동 역시 영어 원서 읽기가 가지고 있는 매력 중 하나입니다. 한국어 책을 읽을 때도 마지막 페이지를 마치는 순간 적지 않은 감동을 느낄 수 있잖아요? 책 읽기를 별로 즐기지 않는 내가 100쪽이 넘는 영어책을 읽은 뒤에 얻는 성취감은 한국어책보다도 훨씬 큽니다.

2년간 한 달 한 권 영어 원서 읽기 프로젝트를 실천했던 저의 제자는 한 달 한 권씩 손때 묻은 영어 원서를 책장에 꽂을 때마다 자신이 너무 자랑스러웠다고 합니다. 지금도 그 책들을 보물 1호로 보관하고 있다고 말합니다. '내가 이 영어 원서를 읽어 냈다'라는 성취감은 미드 한 시즌을 보거나 영어 단어 몇 개를 꾸준히 외우는 것과는 차원이 다른 감정입니다. 영어 공부를 하기 위해 영어 원서 읽기를 시작했지만 읽기 습관을 계속 지켜나간다면 앞으로는 영어 공부만을 위해서 원서를 읽지는 않을 겁니다.

지금까지 영어 원서 읽기의 장점에 대해 말씀드렸습니다. 이제 한 달 한 권 원서 읽기를 어떻게 시작하게 되었는지 말씀드리도록 하겠습니다.

Book of the Month

대학 시절 저는 영어 원서 읽기를 좋아했습니다. 영어를 전공해서 그랬을 수도 있지만, 무엇보다 책을 읽을 수 있는 시간적,심적인 여유가 있었기 때문에 가능한 일이었습니다.

하지만 학교 졸업 후 고등학교에서 교사로 근무하면서 교과서에 나오는 문장을 파헤치고 해석하는 수업을 주로 하다 보니 한동안 원서 읽기를 소홀히 했습니다. 마치 별거 중인 부부가 서로에게 소원해지듯 말이죠.

제가 이렇게 수업을 하니 학생들도 교과서 문장을 벗어나지 못하는 건 당연했습니다. 암기 과목처럼 교과서 문장을 달달 외우는 것이 최고의 영어 공부 방법이라고 믿는 학생들을 보며 영어 교사로서 이렇게 가르쳐서는 안 되겠다는 생각이 들었습니다. 그래서 대학 시절 제가 즐겨 하던 '영어 원서 읽기'를 학생들과 함께하기로 했습니다. 학생들이 자신의 관심과 수준에 맞는 원서를 선택하고 '한 달'이라는 시간 동안 책을 읽기로 했습니다. 솔선수범을 보이기 위해 저도 한 달 동안 제가 좋아하는 원서를 읽겠다고 약속했습니다.

이렇게 탄생한 것이 바로 'Book of the Month'라는 원서 읽기 프로젝트입니다. Book of the Month 프로젝트가 대학 입시 포트폴리오에 큰 도움이 되고 무엇보다도 영어 독해 실력에 도움이 된다는 입소문이 나면서 학생들은 매우 적극적으로 영어 원서 읽기 활동을 하고 있습니다. 고등학교임에도 불구하고 우리 학교 도서관에는 약 2,000여 권의 영어 원서가 비치되어 있습니다. 누구나 자신의 수준과 관심사에 맞는 책을 골라 볼 수 있습니다.

이 프로젝트의 성공을 좌우하는 가장 중요한 일은 '수준에 맞는 책'을 선정하는 것입니다. 많은 분들이 영어 원서 읽기에 도전하지만 몇 장 읽다가 이내 포기하는 것도 자신에게 맞는 제대로 된 영어 원서를 선택하지 못했기 때문입니다.

이어지는 글에서는 원서 읽기를 처음 시작하는 분들이 피해야 할 혹은 선택해야 할 책들이 어떤 것들이 있는지 설명드리겠습니다.

피해야 할 원서들

고전 작품 및 필독서라고 하는 책들은 피하는 게 좋습니다.

셰익스피어의 4대 비극이나 제인 오스틴의 〈오만과 편견〉과 같은 고전 작품은 피하도록 하세요. 요즘 잘 쓰지 않는 영어 단어도 많고 문장 스타일도 현대 영어와는 다르기 때문에 초보자가 이해하기에는 힘들거든요. 내가 공감하기 어려운 배경을 가진 책을 읽을 때는 작품에 대한 몰입도가 떨어지는데 문장마저 어렵다면 나침반 없이 사막을 헤매는 느낌이 들

수 있습니다.

그리고 저는 남들이 필독서라고 선정한 원서들도 추천하지 않습니다. 필독서 리스트에 항상 올라가 있는 〈호밀밭의 파수꾼〉, 〈위대한 개츠비〉 등은 모두 훌륭한 문학 작품이긴 하지만 영어를 모국어로 하는 사람들에게나 필독서일 뿐입니다. 작가의 스타일이 극명하게 드러나는 이런 작품들은 쉽게 이해되지 않는 문장들이 많고 주인공의 심리, 배경 등을 호흡이 긴 문체로 전달하기 때문에 영어를 외국어로 하는 우리가 캐주얼하게 읽기는 어렵습니다. 번역하는 사람들도 부담스러워하는 이런 문학 작품들을 끙끙대면서 읽는다면 원서 읽기의 기쁨을 느끼기는커녕 오히려 내 영어 실력에 대한 자신감만 떨어집니다. 모두가 조지 오웰의 〈1984〉를 읽어야 한다고 해서 나도 그 책을 읽을 필요는 없습니다. 세상에는 나의 손길을 기다리고 있는 책들이 너무 많습니다.

장편 소설 역시 이 프로젝트에는 어울리지 않는 책입니다.

배경이나 인물의 심리를 설명하는 부분이 지나치게 많이 나오고 혼란스러울 정도로 인물이 많이 등장해서 스토리 파악이 어렵기 때문입니다. 또한 읽은 페이지보다 앞으로 읽어야 할 페이지가 더 많다는 중압감은 영어 원서 읽기를 처음 시작하는 분들에게 큰 마이너스 요소입니다. 매일 책을 읽고 있는데도 진도는 안 나가는 것 같고, 책을 읽을 때마다 '이 책 언제 끝나나'하고 남은 부분을 보며 한숨 쉬는 분들이라면 더 더욱 장편 소설과는 궁합이 맞지 않습니다.

저는 성격이 급한 편이라 내용 전개가 빠른 책들을 좋아 합니다. 그래서 요즘 가장 핫하다는 〈왕좌의 게임〉이나 〈반 지의 제왕〉 심지어는 〈해리포터〉 시리즈도 50쪽을 못 넘겨 읽는 중간에 포기하고 말았습니다. 이렇게 호흡이 긴 소설들 을 읽으며 정신적인 장애에 걸리는 것보다 나의 독서 스타일 에 맞는 책을 보는 게 훨씬 좋습니다. 성공적인 Book of the Month를 위해서라면 200페이지 이상의 책들은 패스하도록 하세요.

번역본이 붙어 있는 책도 피하세요.

영어 원서 읽기를 장려하고자 앞에는 영어 원본을 뒤에는 번역본을 붙여 둔 책들이 있습니다. 영어 원본의 이해를 돕기 위해서 번역본을 제공한 출판사의 노력은 칭찬합니다. 하지 만 이해되지 않는 문장이 나올 때마다 번역 문장을 뒤적거리며 찾아본다면 책 읽기의 흐름도 끊어지고 무엇보다 독서 진도를 나갈 수 없습니다. 그리고 이런 번역 교재들은 고전 작품인 경우가 많습니다. 작가 사후 70년이 지나면 저작권이 소멸하기 때문에 출판사들이 적은 예산으로 책을 만들 수 있어서 그런가 봅니다. 번역본과 원본이 함께 있어서 가성비가 좋다고 느낄 수 있겠지만 책을 읽으면서 원서를 읽고 있는 것인지 한국말 번역본을 읽는 것인지 묘한 느낌을 받을 수도 있습니다. 된장도 고추장도 아닌 이런 책들을 읽으면 100% 영어로만 된 원서를 읽어 낸 후에 느끼는 성취감을 제대로 경험할 수 없습니다.

이제 Book of the Month에 가장 적합한 책들을 살펴보도록 하겠습니다.

선택해야 할 원서들

무엇보다 뉴베리(Newbery) 수상작을 꼭 눈여겨보세요.

뉴베리상은 1922년부터 시작된 미국 최고 권위의 아동문학상입니다. 매해 3~5권 정도의 후보를 선정하고 이 가운데서 가장 우수한 작품 한 권을 '뉴베리 위너'(Newbery Winner)로 선정합니다. 뉴베리상을 받은 도서는 각 서점의 베스트셀러에 등극하고 미국 전역의 도서관에서 '올해의 책'으로 선정할 만큼 막강한 파급력을 가지고 있습니다. 뉴베리 후보에 오른 것만으로도 대단히 영광스러운 일이며 이 후보 작품들 역시 '뉴베리 아너'(Newbery Honor)라고 불리며 사람들의 주목을 받습니다. 뉴베리상 수상작 표지에는 금메달 모양의 스티커를, 뉴베리 후보에 오른 아너상 수상작들은 은메달 모양의 스티커를 책 표지에 붙일 수 있습니다.

올림픽에서 여러 차례 메달을 따는 운동선수들처럼 뉴베리상을 여러 번 수상한 작가들도 있습니다. 케이트 디키밀로(Kate Dicamillo), 재클린 우드슨(Jacqueline Woodson), 로이스 로리(Lois Lowry) 등이 대표적인 뉴베리 단골손님인데요, 이들의 신간은 상을 받지 않아도 항상 베스트셀러에 오릅니다.

뉴베리 수상작이 영어 원서 읽기 습관을 기르는데 가장 좋은 재료가 되는 이유는 가독성에 있습니다. 어린이 및 청소년 독자를 위한 책이라 단어 수준이 높지 않고 문장 구조도 복잡하지 않아 쉽게 이해할 수 있습니다. 배경이나 인물의 심리 묘사도 그리 복잡하지 않으며 등장인물이 한정적이어서 스토리 파악도 쉽습니다. 그래서 성인 대상의 소설에 비해 빨리 읽히는 장점이 있습니다. 또한 150쪽 내외의 중편이라서 한 달 동안 읽기에 부담이 없습니다. 아동 문학이기 때문에 소재가 유치하거나 스토리에 구멍이 많다고 생각하시겠지만, 뉴베리 수상작들은 영화로 제작될 정도로 탄탄한 구성을 자랑하고 있습니다. 제가 가르치고 있는 학생들의 Book of the Month 목록 역시 주로 뉴베리상 수상작으로 채워져 있는데 마지막 책장을 덮으며 큰 감동을 했다고 하는 학생들의 피드백을 많이 듣습니다.

뉴베리상 수상작의 영어 수준은 초급부터 중상급 정도까지 다양합니다. 중상급 정도라고 해서 당황하지 마세요. 대부분의 뉴베리 작품들은 제가 가르치고 있는 고등학생들이 읽을 수 있는 수준이니까요. 만일 학교를 졸업한 지 오래되어 영어와 오랫동안 이별을 하고 계셨던 분들이라면 처음에는 약간 어렵게 느낄 수 있겠지만 책 읽기의 흐름만 탄다면 Book of the Month 프로젝트에 맞게 한 달 안에 책을 끝낼 수 있습니다.

영어로만 되어 있는 책 읽기가 부담되신다면 그리고 자신의 영어가 초급 뉴베리 수상작의 수준도 안 될 거라고 걱정하신다면 그림책의 노벨상이라고 할 수 있는 칼데콧(Caldecott) 수상작을 권합니다. 글보다 그림이 더 많아서 영어에 대한 부담감에서 살짝 벗어날 수 있고 아이를 가진 부모님들이라면 아이와 함께 읽을 수도 있습니다. 물론 아이보다 먼저 영어 표현들과 문장을 이해하고 있어야지 아이에게 설명해 줄 수 있겠죠? 아이들에 게 영어 원서를 읽어주는 멋진 아빠, 엄마의 모습을 보여주기 위해서라도 목적의식을 가지고 책을 읽을 수 있습니다. 그림 책이라고 영어 수준이 우리나라 유치원 아이들이 배우는 수준이라고 생각하면 안 됩니다. 라임을 맞추기 위해서 문장의 구조가 변형되기도 하고 단어 수준 역시 중학교 2, 3학년 정도는 되거든요. 영어를 오랫동안 손 놓고 있던 분들이라면 인터넷 사전을 자주 찾아야 할 정도입니다. 그림책이니까 한 달에 2~3권 정도 읽기를 추천합니다. Book of the Month로 하기에는 분량이 너무 적으니까요.

마이클 프린츠 수상작(Michael L. Printz Award) 역시 눈여겨 볼 만합니다. 뉴베리가 아동 문학의 노벨상이라면 마이클 프린츠 상은 가장 권위 있는 청소년 문학상입니다. 뉴베리와 마찬가지로 후보작들을 선정하고 그 가운데 대상을 뽑는 방식으로 진행 되는데 대상은 표지에 알파벳 P가 새겨진 금메

달 마크를, 후보작들은 은메달 마크를 붙일 수 있습니다. 청소년 문학상이기 때문에 당연히 뉴베리 수상작보다는 영어 수준이 높지만, 분량은 거의 비슷하거나 약간 많은 정도입니다. 가난, 인종 차별, 성적 정체성, 이민 문제, 죽음, 자살 등 어두운 주제를 다루는 경우도 많기 때문에 좀 더 성인 문학에 가깝다는 평가를 받기도 합니다. 뉴베리 수상작을 몇 달 동안 읽으셨다면 마이클 프린츠 수상작을 읽으면서 영어 읽기 수준을 업그레이드하는 것도 좋습니다.

> * 아동 문학 수상작 추천 원서 : Holes (Louis Sachar) / The Giver (Lois Lowry) / A Single Shard (Linda Sue Park) / When You Reach Me (Rebecca Stead) / The One and Only Ivan (Katherine Applegate) / A Step from Heaven (An Na) / I'll Give you the Sun (Jandy Nelson)

그 다음 추천 원서들은 Young Adult Books 입니다.

책을 읽지 않는 분위기는 우리나라뿐만 아니라 미국도 마찬가지입니다. 매년 책 판매량이 감소하고 있거든요. 전반적인 책 판매량이 감소하는 가운데도 매년 판매량이 증가하는 분야가 있습니다. 바로 YA Book입니다. YA는 Young Adult의 약자로 '어린 어른' 즉 청소년을 지칭합니다. 우리나라에서는 청소년 도서 시장이 자리를 잡지 못하는 상황이지만 미국에서는 YA 책이 베스트셀러 상위권에 자주 등장하고 YA 책만 다루는 대규모 섹션이 공공 도서관에 독립적으로 존재할 정도로 큰 인기를 얻고 있습니다.

YA 책들의 가장 큰 장점은 '술술 읽힌다'는 것입니다. 문학적인 가치보다는 스토리 전개에 중점을 두고 있고 지금 가장 잘 먹히는 소재들을 다루고 있기 때문에 독자들의 취향을 즉각적으로 반영하고 있습니다. 선과 악의 캐릭터 대립이 뚜렷하여 스토리를 파악하는데도 그리 어렵지 않습니다.

YA 책들이 청소년을 대상으로 하는 책이지만 워낙 인기가 있다 보니 요즘은 성인들로 독자층을 확대해가는 추세입니다. 〈트와일라잇〉, 〈헝거 게임〉, 〈메이즈 러너〉 등이 대표적인 YA 책들인데 다들 알겠지만, 이 책들은 영화로 제작되면서 더 큰 인기를 얻게 되었습니다. 베스트셀러에 오른 YA 책들 대부분은 할리우드 영화 제작자들의 관심을 받을 정도로 YA 책들의 매력은 끝이 없습니다. 앞에서 말씀드렸던 마이클 프린츠 수상작 역시 YA 책들이며 뉴베리 수상작 역시 넓게는 YA 책이라고 할 수 있습니다.

하지만 영어 원서 읽기가 처음인 분들에게는 맨 먼저 YA

책을 권하지 않습니다. 과거와 달리 요즘 YA 책들은 성인 독자층을 고려하기 때문에 200~300페이지 정도의 분량으로 출판됩니다. 성공한 YA 책들은 대부분 시리즈로 발전되어 대서사시가 되기도 합니다. 무엇보다 문장 구조뿐만 아니라 단어 수준 역시 아동 문학보다 높습니다. 이렇게 되면 원서 읽기를 처음 시작하는 분들이 한 달 만에 YA 책을 읽는 것은 무척 버거운 일입니다. 따라서 아동 문학 작품인 뉴베리 수상작을 몇 권 읽어본 뒤 어느 정도 원서 읽기에 적응된 것 같으면 그때 YA 책으로 갈아타는 게 좋습니다. 마치 얕은 물에서 수영 연습을 하다가 깊은 물로 옮겨 가는 것과 같은 이치입니다.

영어 수준이 다소 높은 것이 흠이지만 YA 책에 한 번 빠지게 되면 밥을 먹을 때도 책에서 눈을 뗄 수 없을 정도의 중독성이 있습니다. 저는 비행기에서 잠시 읽을 생각으로 펼친 〈헝거 게임〉을 10시간 만에 다 읽은 적도 있습니다. 책 읽기 흐름만 타면 Book of the Month가 아니라 Two books of the Month도 가능한 게 바로 YA 책입니다.

* YA Books 추천 원서 : The Fault in Our Stars (John Green) / The Book Thief (Markus Zusak) / The Outsiders (S.E. Hinton) / The Absolutely True Diary of a Part-Time Indian (Sherman Alexie) / Hunger Games (Suzanne

Collins) / Monster (Walter Dean Myers) / Number the Stars (Lois Lowry)

할리우드 영화로 제작된 영어 원서 역시 Book of the Month 에 적절합니다.

만약 영화를 미리 보았다면 줄거리를 어느 정도 알고 있기 때문에 책의 내용을 이해하는 데 큰 도움이 됩니다. 대부분의 영화가 원작 소설과 미묘하게 차이 나는 부분이 있는데 책을 읽을 때는 그런 부분을 찾아보는 것도 재미있습니다.

개인적으로 저는 영화를 보기 전에 원서로 이야기를 미리 접하는 것을 좋아합니다. 영화 줄거리를 미리 알고 읽으면, 책 읽는 속도에 맞춰 천천히 즐기는 쫄깃한 스릴을 맛볼 수 없거든요. 보통 할리우드 영화는 개봉 약 6개월 전부터 트레일러를 상영하기 때문에 원작 소설을 바탕으로 하는 영화가 나온다는 소문이 들리면 한두 달 전부터는 영화의 원작 소설을 반드시 읽습니다. 영화가 개봉 되기 전에 책을 읽어야 하니 대학교 때 원서를 읽고 독후감을 쓰는 숙제처럼 열심히 읽는 동기가 됩니다.

원서를 다 읽고 영화관에 들어갈 때의 흥분은 원서 읽기를 해 본 사람만이 아는 감정입니다. 책을 읽으며 상상했던 인물이 어떻게 표현되는지, 소설 속 공간이 어떻게 그려지는지, 소설 속 이야기가 영화에서 어떻게 전개되는지 생각하면서 영화를 관람하면 일반 영화보다 훨씬 큰 감동이 옵니다.

할리우드에서는 그림책부터 성인 에로 소설에 이르기까지 매우 다양한 종류의 책들을 영화로 만들고 있습니다. 베스트셀러가 된 인기 작품의 팬들을 고스란히 영화관으로 다시 끌어들일 수 있어 안정적인 투자일 수 있겠지만 무엇보다 스토리의 탄탄함 때문에 'Based on the Best Seller'라는 타이틀을 붙이고 영화를 제작하는 것 같습니다.

영화로 만들어지는 수많은 책 가운데 Book of the Month에 가장 적절한 책은 아동이나 청소년을 대상으로 하는 YA 책들입니다. 〈나니아 연대기〉, 〈메리 포핀스〉, 〈샬롯의 거미줄〉, 〈찰리와 초콜릿 공장〉부터 〈헝거 게임〉, 〈트와일라잇〉 등과 같은 영화들이 아동, 청소년 책을 기반으로 제작된 영화입니다. 앞서 YA 책들은 원서 읽기 초보자들이 보기엔 영어 수준이 좀 높다고 했죠? 아무리 영화 〈반지의 제왕〉이 재미있어도 여러분의 영어 수준이 상급 수준이 아니라면 원작 〈The Lord of the Ring〉은 스트레스를 가져다주는 책에 불과합니다.

* 영화로 제작된 추천 원서 : The Chronicles of Narnia (C. S. Lewis) / Charlotte's Web (E. B. White) / The Fault in Our Stars (John Green) / Alice in Wonderland (Lewis Carroll) / Fantastic Mr. Fox (Roald Dahl) / Coraline (Neil Gaiman) / A Wrinkle in Time (Madeleine L'Engle)

마지막으로 추천 드리고 싶은 원서는 그래픽 노블 입니다.

그래픽 노블(Graphic Novel)은 쉽게 말하면 만화책입니다. 스파이더맨, 배트맨과 같은 만화책(Comic Books)뿐만 아니라 문학성과 미적 예술성이 뛰어난 그림 위주의 책을 전체적으로 그래픽 노블이라고 부릅니다. 그래픽 노블은 그림으로 배경과 인물의 심리를 설명하고 대화로 스토리를 이끌어 가기 때문에 영어 수준이 그리 높지 않아도 내용을 이해하는 데 큰 어려움이 없습니다. 그리고 대화체의 영어를 익힐 수 있는 장점도 있습니다.

하지만 처음 미국의 만화책을 접하시면 우리나라 만화책과는 매우 달라 적잖이 당황하실 겁니다. 유머 코드가 다른 것은 물론이고 '퍽', '빵', '쩍쩍' 등의 의성어를 표현하는 방법도 아주 다릅니다. 그리고 모든 대사가 대문자로 적혀 있어 처음에는 대화를 읽는 것 자체가 어려울 수도 있습니다. 하지만 다양한 매체를 경험하는 것도 영어 공부의 매력입니다. 한 두 권 읽다 보면 차차 적응하게 되니까 처음부터 어렵다고 포기하지 마시고 도전해 보시는 게 좋습니다.

만일 미국식 그래픽 노블이 나와는 맞지 않는다면 일본 만화를 읽는 것도 좋습니다. 물론 영어로 읽어야겠죠. 일본 만화는 영어로 망가(Manga)라고 부르는데 미국에서는 이미 서점의 한 코너를 차지할 정도로 인기가 높습니다. 우리나라에서도 선풍적인 인기를 얻고 있는 〈원펀맨〉부터 〈원피스〉에 이르기까지 다양한 일본만화들이 영어로 번역되어 있으니 여러분이 즐겨 읽는 만화책을 영어로 읽어보는 것도 색다른 경험이 될 것입니다. 다만 일반 영어 원서보다 그래픽 노블이나 영어로 번역된 망가는 가격이 만만치 않습니다. 특히 내가 읽고 싶은 영어 망가는 서점에서 구하기도 어렵습니다. 이럴 때는 한국 만화를 앱으로 보는 것처럼 태블릿 PC나 스마트폰에 망가앱을 다운받아서 사용해 보세요. 매우 저렴한 가격에 영어 만화를 읽을 수 있고 어디에서나 편하게 만화를 접할 수 있습니다. 그래픽 노블의 경우에는 종이책보다는 킨들(Kindle)이나 아이북스(iBooks) 등 전자책으로 더 저렴하게 구입할 수 있습니다.

저는 글자로만 되어 있는 영어 원서가 지겨워질 때쯤 그래픽 노블을 읽으며 새로운 독서 분위기를 만들려고 합니다. 그리고 이번 달에 할 일이 너무 많아서 Book of the Month 프로젝트를 할 시간이 없다고 생각하면 치트키처럼 의도적으로 그래픽 노블을 '이달의 책'으로 선정해서 읽습니다. 치트키도 너무 자주 쓰면 평범한 자판이 되는 것처럼 그래픽 노블도 너무 자주 읽지는 마세요. 그래픽 노블 5권을 읽는 것보다 한 권의 영어 원서를 읽는 것이 여러분의 영어 공부에 더 큰 도움이 되니까요.

*그래픽 노블 추천 원서 : Watchman (Alan Moore) / Polina (Bastien Vives) / Persepolis (Marjane Satrapi) / March (John Lewis 외) / 300 (Frank Miller) / Ghost World (Daniel Clowes) / Blankets (Craig Thompson)

[따라하자!!] 한 달 한 권 원서 읽는 습관 9가지

1) 주별 독서 스케줄을 만들어라

'설마 내가 한 달 동안 책 한 권도 못 읽겠어?'라고 무작정 원서의 첫 장부터 읽기 시작하면 한 달 뒤 책의 반도 못 끝낼 수 있습니다. 앞의 통계에서 보았듯 우리나라 월평균 독서량은 0.6권입니다. 한 달에 책 한 권을 제대로 읽지 못한다는 의미죠. 게다가 우리는 영어 원서를 읽어야 하니까 책 읽기가 더 어려울 수도 있습니다. 이를 극복하려면 반드시 독서 스케줄을 만들어야 합니다.

저는 일별 독서 스케줄을 정하지는 않습니다. 일일 학습지를 풀 듯이 하루에 꼭 몇 쪽을 읽어야 한다는 압박이 있으면 흥미가 떨어지는 것 같더라고요. 그리고 그날 읽어야 할 책의 분량을 채우지 못하면 왠지 죄책감이 들어 다음 날 책을 펼치는 게 부담스러워집니다. 일별 스케줄 대신 저는 주별 독서 스케줄을 정합니다. 일주일 단위로 끊어서 몇 쪽까지 읽겠다는 계획을 세우는 겁니다. 어떤 날은 너무 바빠서 한쪽도 읽지 못할 때가 있고 또 어떤 날은 예상치 않게 시간이 많이 남아서 여러 쪽을 읽을 때도 있거든요. 그리고 책이 너무 재미있어서 하루에 읽어야 할 양을 초과해서 읽는 경우도 있습니다. 이렇게 유연하게 스케줄을 정해 두고 자신의 상황에 맞게 책 읽기를 하게되면 매일 몇 쪽을 읽어야 한다는 부담에서 어느 정도 벗어날 수 있습니다. 일주일 단위로 자신의 읽기 진도를 체크하면 되는 거니까요.

읽을 원서를 선정했다면 맨 먼저 목차를 보고 일주일 단위로 읽을 범위를 정하도록 하세요. 가령 약 160쪽 정도로 된 책을 4주로 나눠서 읽으면 한 주 동안 40쪽을 읽는 것으로 합니다. 그리고 주별로 읽어야 할 범위를 목차에 표시해 두세요. 만일 전자책으로 원서를 읽는다면 북마크(bookmark) 기능을 활용하여 해당 페이지를 따로 표시해 둡니다. 그리고 일주일 별로 핸드폰 알람을 설정해 두고 몇 페이지까지 읽어야 한다는 것을 자신에게 알리도록 하세요.

2) 항상 가지고 다니며 어디서든 펼쳐봐라

일주일 단위로 읽을 범위를 정한다고 해서 밀린 방학 숙제를 하듯이 하루에 일주일 분량을 몰아서 읽으라는 뜻은 아닙니다. 독서 습관을 기르기 위해서는 하루에 몇 쪽이라도, 몇 쪽이 안 된다면 몇 단락이라도 읽는 게 중요합니다. 이를 위해서는 원서를 항상 들고 다니면서 시간적, 공간적 여유가 될 때마다 읽는 것이 가장 좋습니다. 지하철에서 이동할 때나 친구를 기다리는 카페에서 책을 펼쳐 몇 단락이라도 읽을 수 있고 고구마를 삶거나 빨래방에서 건조를 기다리며 몇 줄을 읽을 수도 있습니다. Book of the Month에 적절한 책들은 페이지가 많지 않아 무겁지도 않고 어른 손바닥보다 살짝 큰 사이즈이기 때문에 휴대하기가 용이합니다. 또한 밖에서 '나 영어 원서 읽는 사람이야'라는 허세도 부릴 수 있으니 어디를 가든 원서를 가지고 다니도록 하세요.

3) 문장 분석하듯 공부하는 것처럼 읽지 말라

영어 원서를 읽을 때는 영어 문장을 분석하지 마세요. 주어, 동사가 무엇이고 관계 대명사가 수식해 주는 선행사가 무엇이고 이런 식으로 문장을 뜯어가면서 해석하는 습관을 버리셔야 합니다. 원어민들이 영어 문장을 읽을 때도 이렇게 하지 않는데 우리는 왜 문장을 해체하고 분석하려 할까요? 그들처럼 문장을 읽고 대략적인 의미를 파악했다고 생각하면 쭉쭉 읽어 나가야 합니다. 자꾸 밑줄 쫙, 동그라미, 별표를 치면서 문장을 꼼꼼히 따져 묻는다면 책 읽기 진도가 안 나가고 흥미를 잃어버려서 결국에는 원서 읽기를 포기하게 됩니다. 영어 원서는 영어 문제집이 아니니까요.

영어 원서 읽기가 영어 공부이기 때문에 꼭 조용한 책상에 앉아서 해야 한다는 생각도 버리세요. 한국어책을 읽을 때 책상에 정자세로 앉아서 읽지 않잖아요? 누워서 읽을 때도 있고, 반신욕을 하면서 독서를 할 수도 있죠. 영어 원서도 마찬가지예요. 여러분이 가장 편하게 생각하는 공간에서, 가장 편한 자세로 읽으세요. 영어 원서 읽기는 새로운 영어 지식을 공부하기 위해서 하는 게 아니라 내가 이미 알고 있는 지식을 통해 여러 개의 문장을 읽는 활동이에요. 그러니 수험서 공부하듯 온 신경을 집중 시켜 할 필요는 없습니다. 편안한 마음으로 영어 원서를 펼치도록 하세요.

4) 모든 문장을 다 이해할 필요는 없다

영어 원서에 있는 모든 문장을 완벽하게 이해하지 않아도 괜찮습니다. 단어가 어렵고 문장 구조가 복잡하면 이해가 되지 않는 게 당연하죠. 무슨 뜻인지 잘 모르는 문장이 많이 나와도 괜찮습니다. 주인공의 감정 상태가 좋은지 나쁜지, 인물들에게 어떤 일이 벌어졌는지, 작가가 어떤 이야기를 하려고 하는지 정도만 알 것 같으면 계속 읽어나가세요. 원서의 모든 문장을 우리말로 100% 이해하는 사람은 그 책을 번역하는 번역가나 편집자밖에 없을 겁니다. 저 역시 이해되지 않는 부분이 나오면 아주 쿨하게 넘어가 버립니다. 그 문장이 이해되지 않는다고 계속 그것만 붙잡고 있으면 책 읽기 진도가 안 나가거든요. 어떻게 보면 영어 원서 읽기를 잘하는 사람들은 이해되지 않는 문장을 빨리 포기하고 다른 문장으로 스토리 파악을 할 줄 아는 사람들입니다. 원서를 꾸준히 읽으면 자연스럽게 이 기술이 습득됩니다.

5) 될 수 있으면 사전을 쓰지 말고, 단어장도 만들지 말라

모르는 단어가 나올 때마다 사전을 찾으려 하지 마세요. 독서의 흐름이 끊어지고 사전을 찾는데 시간을 많이 쓰다 보면 책 읽는 속도가 늦어집니다. 모르는 단어가 한두 개쯤 나와도 그 문장의 의미를 대충 파악하는 데 큰 무리가 없으니 모르는 단어의 뜻은 문맥에서 추측하고 바로 넘어가세요. 문맥을 통해서 단어의 뜻을 추측하는 것도 영어를 공부하는 데 꼭 필요한 기술인데 영어 원서 읽기를 하면서 이 기술도 자연스럽게 연습 됩니다. 그렇다고 사전 찾기를 완전히 금지하는 것은 아닙니다. 어딘가 본 것 같은데 뜻이 가물가물한 단어가 있거나 완전 처음 본 단어인데 이 책에서 반복적으로 등장하는 단어라면 사전을 통해서 뜻을 확인하도록 하세요. 단, 뜻을 확인한 뒤에는 책을 계속 읽어 나가야 합니다.

따로 단어장을 만들어 필기하거나 앞에서 배운 단어 암기법처럼 5번씩 반복해서 쓰지 마세요. 영어를 공부하겠다는 의욕에 넘쳐서 단어장을 만들고 싶겠지만 이렇게 하면 절대 한 달 내에 영어 원서를 끝낼 수 없습니다. 영어 단어는 영어 단어집을 통해서 학습하고 영어 원서를 읽을 때는 책의 내용 파악에 초점을 두도록 하세요. 한 페이지에 모르는 단어가 지나치게 많이 나온다면 여러분이 너무 높은 수준의 영어 원서를 선정한 것일 수도 있습니다. 이런 현상이 20페이지가 지나도 나아질 것 같지 않으면 그 책은 과감하게 덮어 버리고 나의 수준에 맞는 다른 책을 찾도록 하세요. 이 세상에는 내가 읽을 수 있는 책들이 아직도 많이 있으니까요.

6) 특히 대화문을 집중해서 읽어라

앞에서 이해가 되지 않는 문장이 나오면 끙끙거리지 말고 빨리 넘어가라고 말씀드렸습니다. 이해하기 난해한 문장들은 등장인물의 심리상태나 배경 등을 묘사하기 위해서 작가의 스타일대로 쓴 경우가 많아서 대충 뛰어넘어가도 전체 스토리를 파악하는 데 큰 문제는 없습니다. 하지만 따옴표와 함께 등장하는 대화문을 읽을 때는 집중을 하셔야 합니다. 대화문은 등장인물 간의 관계와 상황을 설명하고 사건이 어떻게 해결되는지 직접적으로 보여주기 때문에 독자들이 스토리를 파악하는 데 중요한 역할을 합니다. 또한, 대화문은 일상 대화체이기 때문에 이해하기가 더 쉽죠.

가끔 저는 결론을 빨리 알고 싶은 책이 있으면 작가가 묘사한 부분은 대충 읽고 따옴표가 붙은 대사만 중점적으로 읽기도 합니다. 자신의 영어 수준이 낮다고 생각하면 원서를 선정할 때도 대화가 많이 등장하는 책을 선정하는 게 좋습니다.

7) 전자책을 적극적으로 사용하라

저는 요즘 원서를 대부분 아이패드로 읽습니다. 아이패드에 있는 킨들(Kindle) 앱과 아이폰에 있는 킨들 앱이 서로 동기화가 되기 때문에 한 권 구매로 두 권을 보는 효과를 누릴 수도 있고, 어떤 기기를 활용하든 가장 마지막에 읽은 부분을 연결해서 읽을 수도 있습니다. 저는 주로 집에서는 아이패드로, 출퇴근 때는 아이폰을 이용해 책을 읽습니다.

책 구입이 용이하다는 점도 전자책이 가지고 있는 큰 장점입니다. 국내 서점에서는 살 수 있는 외국 서적이 한정되어 있고 해외 주문 시 배송 시간이 꽤 걸릴 수 있지만, 전자책은 결재와 동시에 바로 책을 다운받아 읽을 수가 있습니다. 요즘 종이로 출판되는 영어 원서는 대부분 전자책으로도 출간 되고 있기 때문에 책을 못 구해서 Book of the Month를 하지 못할 거라는 걱정은 하지 않아도 됩니다. 그리고 배송비, 재료비가 절감되기 때문에 종이책보다 가격이 저렴하고 크리스마스, 블랙 프라이데이 같은 시즌에는 3천 원 정도에 베스트셀러를 살 수도 있습니다. 전자책을 사기 전에 20페이지가량의 샘플을 읽을 수 있는 무료 서비스를 이용하면 원서의 영어 수준과 작가의 스타일이 나와 맞는지 확인할 수 있습니다. 나와 맞지 않는 책을 선택해 중간에 읽기를 포기하는 위험도 줄일 수 있고요.

무엇보다 제가 종이책보다 전자책을 선호하는 가장 큰 이유는 사전이 따로 필요하지 않기 때문입니다. 전자책에서 모르는 단어가 나왔을 때 그 단어만 클릭하면 단어의 뜻을 알 수 있거든요. 사전을 찾는 시간이 단축되어 흐름이 끊어지지 않고 원서를 읽을 수 있습니다. 사전은 한영사전, 영영사전 등 원하는 대로 설정할 수 있고 위키피디아나 구글로도 연결이 되기 때문에 백과사전처럼 원하는 정보의 영상, 사진 자료를 찾아볼 수도 있습니다.

종이책에만 익숙한 분들은 전자책을 읽을 때 책 읽는 맛이 나지 않는다고 아쉬워하지만, 영어 원서의 경우에는 종이책보다 훨씬 더 많은 장점이 있습니다. 전자책을 보면 글자가 작아서 눈이 아프고 화면이 너무 밝아서 머리가 아플 거로 생각하는 분들도 있습니다. 요즘 전자책은 화면 밝기 조절, 자연 배경 톤 설정, 글자 크기 조절 등의 기능이 있으니까 적응 기간만 지나면 편리하게 원서를 읽을 수 있습니다.

8) 남들이 좋다는 책도 나랑 맞지 않을 경우 과감히 포기하라

남들이 괜찮다는 후기를 보고 원서를 샀는데 작가가 무슨 소리를 하는 건지 도대체 이해되지 않는 책들도 있습니다. 돈이 아까워서라도 계속 읽어 보려고 하는데 집중도 안 되고 내 영어 실력에 대한 자신감만 떨어지는 것 같습니다. 이럴 때는 과감하게 그 책을 포기하세요. 그 책과 여러분은 궁합이 맞지 않는 겁니다. 전혀 미련을 갖지 말고 다음 달에 읽을 새 책을 찾아보세요. 책 읽기를 포기하게 되면 이번 달의 Book of the Month 프로젝트는 건너뛰게 되는 겁니다. 이렇게 해도 괜찮습니다. 다음 달에 더 좋은 책을 읽을 수 있는 준비 과정이라고 생각하세요. 저도 10권 중 2, 3권 정도는 중도에 포기합니다. 그러니 너무 죄책감을 느끼지 마세요.

9) 다른 사람이 쓴 후기를 읽어라

독서는 혼자서 하는 활동입니다. 책을 읽을 때도 혼자이고 책을 감상하고 이해하는 것 역시 혼자서 해야 합니다. 만일 다른 사람이 나와 같은 책을 읽고 어떤 느낌이었는지 알고 싶다면 그 책의 후기를 읽어 보세요. 굿리즈닷컴(goodreads.com)이나 아마존닷컴(amazon.com)에서 여러분이 읽은 책을 검색하면 다양한 사람들이 작성한 후기를 읽을 수 있습니다. 후기를 읽으며 내가 책에서 놓쳤던 부분을 다시 알 수도 있고 나와는 다른 관점을 경험할 수도 있습니다. 또한 실제 원어민들이 작성한 영어 문장을 읽을 기회도 됩니다. 이런 사이트에서는 이 책을 읽은 사람들이 구입한 책이나 이 책과 유사한 책의 목록도 보여주기 때문에 다음 달의 Book of the Month를 선정하는 데 도움이 될 수 있습니다. 원서를 많이 읽으면서 영어에 대한 자신감이 생겼다면 여러분도 직접 후기를 남겨 보세요.

[강추!!] 영어 공부하기에 좋은 원서 10

1) The Chronicles of Narnia : The Lion, the Witch and the Wardrobe (C. S. Lewis)

반지의 제왕을 집필한 톨킨(Tolkien)과 함께 영미 문학의 거장으로 알려진 C. S. 루이스(Lewis)의 판타지 아동 문학 작품입니다. 나니아 왕국을 배경으로 마녀와 신비한 짐승들 그리고 4명의 인간 아이들이 펼치는 모험을 주로 다루고 있습니다. 〈The Chronicles of Narnia〉는 총 7권으로 구성된 시리즈인데 이 책은 '제2권'에 해당하지만 스토리 전개상 제일 먼저 읽어야 합니다. 아동 문학이라고 해서 스토리가 유치할 거라는 고정관념은 접어두세요. 1950년에 출간된 이 판타지 소설에 대해서 많은 학위 논문이 나올 정도로 철학적이고 기독교적인 의미를 담고 있는 작품 입니다. 중간중간 삽화도 있고 분량도 많지 않아 영어 원서 초보 학습자들이 큰 어려움 없이 공략할 수 있는 원서입니다. 책을 읽은 후에는 꼭 영화를 감상하세요.

* 유사 추천 도서 : The Chronicles of Narnia 전체 시리즈 (C. S. Lewis) / The Invention of Hugo Cabret (Brian Selznick) / Phantom Tollbooth

(Norton Juster) / The Hobbit (J. R. R. Tolkien) / A Series of Unfortunate
Events (Lemony Snicket)

2) Charlotte's Web (E. B. White)

미국 동화작가로 유명한 E. B. 화이트(White)의 대표작입
니다. 1952년에 출간되었지만 미국 아이들에게는 여전히 필
독서로 꼽히며 어른들이 읽기에 좋은 동화로도 자주 선정되
는 작품입니다. 돼지 Wilbur와 Charlotte이라는 거미의 우정
을 다루고 있지만, 아낌없이 모든 것을 주는 거미의 모성애로
주제를 확장할 수 있습니다. 2006년 줄리아 로버츠와 오프라
윈프리의 목소리 출연으로 화제가 된 동명의 영화가 있으니
원서를 읽고 감상하세요. 동화이기 때문에 분량과 영어 수준
이 그리 높지 않습니다. 초급 학습자들이 원서 읽기를 시작할
때 사용하기 적절한 교재입니다.

> * 유사 추천 도서 : Stuart Little (E. B. White) / Mary Poppins (P. L. Travers)
> / Winnie-the-Pooh (A. A. Milne) / James and the Giant Peach (Roald Dahl)
> / The Tale of Peter Rabbit (Beatrix Potter)

3) Hunger Game (Suzanne Collins)

우리에게 영화로 더 많이 알려졌지만 원작 소설이 영화보다 훨씬 더 흥미롭습니다. 뉴욕으로 가는 비행기 안에서 우연히 펼쳐 들어 10시간 만에 독파할 만큼 흡입력이 강한 작품으로 1권 읽기가 끝난 다음 바로 2, 3권을 집어 들게 될 겁니다. YA Book 장르로 분류되어 있지만 어른들이 읽기에도 전혀 손색이 없습니다. 운이 좋게도 아직 영화를 보지 않았다면 원작을 읽고 볼 것을 권장합니다. 영화를 본 사람이라면 영화의 등장인물을 떠올리며 책 내용을 상상하면서 읽어보세요. 영어 원서를 좀 읽을 줄 아는 사람들에게 적절한 분량과 영어 수준입니다.

* 유사 추천 도서 : The Maze Runner (James Dashner) / Twilight (Stephenie Meyer) / Monster (Walter Dean Myers) / A Wrinkle in Time (Madeleine L'Engle) / The Mysterious Benedict Society (Trenton Lee Stewart)

4) Flowers for Algernon (Daniel Keyes)

우리나라에서는 잘 알려지지 않았지만 미국에서는 중, 고등학교 필독서에 선정될 만큼 유명한 작품입니다. 1959년에 출판되었지만 지금 읽어도 전혀 손색이 없는 SF 문학 소설입니다. 정신박약아인 Charlie가 첨단 과학 기술의 도움을 받아 뇌수술을 받고 갑자기 천재가 되어 버린 이후의 삶을 1인칭 관점으로 이야기하고 있습니다. 이 책의 제목인 Algernon은 같은 수술을 받은 실험용 생쥐의 이름인데 자신의 처지를 실험용 쥐와 비교하는 듯합니다. 영화로도 제작되었지만 작품성이나 출연 배우 등에 비해 크게 주목을 받진 못했습니다. 영어 원서 읽기 중급자들에게 추천하는 작품입니다.

> * 유사 추천 작품 : The Outsiders (S. E. Hinton) / The Alchemist (Paulo Coelho) / Wonder (R. J. Palacio) / 1984 (George Orwell) / Holes (Louis Sachar)

5) Persepolis (Marjane Satrapi)

그래픽 노블이라고 하면 배트맨, 슈퍼맨 등의 코믹북이나 일본 만화인 망가를 먼저 떠올리겠지만 문학성이 뛰어난 작품들도 많이 있습니다. 많은 그래픽 노블 중에서 이 책을 강력 추천하는 이유는 이 책이 이슬람 문화를 다루고 있기 때문입니다. 영어 원서들 대부분이 미국을 비롯한 서양 국가에서 출간되기 때문에 자칫하면 우리 생각이 서양 문화 우월주의로 흘러갈 수 있습니다. 그렇기 때문에 기회가 된다면 다른 문화를 배경으로 하는 책을 읽어보면 좋습니다. 이 책은 이슬람 혁명을 겪은 이란 여성 작가의 자전적인 스토리를 다루고 있어 독자에게 이슬람 문화와 이란의 사회적인 분위기를 좀 더 사실적으로 경험할 기회를 제공합니다. 만화 형식이고 어려운 단어도 많이 없어 영어 원서 초보자에게 매우 적절합니다. 1, 2권 분권으로 되어 있고 다수의 영화제에서 작품성을 인정받은 동명의 애니메이션도 있으니 책을 읽은 후 영화 감상도 꼭 추천합니다.

* 유사 추천 도서 : 300 (Frank Miller) / Watchman (Alan Moore) / Blankets (Craig Thompson) / This One Summer (Mariko Tamaki, Jillian Tamaki) / March (John Lewis 외)

6) When My Name Was Keoko (Linda Sue Park)

만약 내가 좋아하는 작가가 있으면 Book of the Month의 영어 원서를 쉽게 선택할 수 있습니다. 린다 수 박(Linda Sue Park)은 제가 믿고 읽는 동화 작가로 그녀의 책 다수를 제가 가르치는 학생들의 필독서로 추천합니다. 제목에서도 알 수 있듯이 이 책은 선희와 창렬이라는 두 아이가 경험하는 일제 강점기의 암울한 모습을 다루고 있습니다. 창씨개명, 한글 말살 정책, 무궁화 뿌리 뽑기, 강제노역 등의 역사적인 사실을 바탕으로 하고 있어 중고등학교 학생이나 외국인들에게 추천하기에 좋은 책입니다. 한국어로 된 번역본이 있지만 아이들의 1인칭 시점으로 쉽게 서술되어 영어 원서 초보들도 큰 어려움 없이 읽을 수 있습니다.

* 유사 추천 도서 : A Long Walk to Water (Linda Sue Park) / A Single Shard (Linda Sue Park) / Seesaw Girl (Linda Sue Park) / A Step from Heaven (An Na) / Our Twisted Hero (Yi Munyol)

7) The Giver (Lois Lowry)

현재 미국에서 가장 인기 있는 아동 및 YA 작가 로이스 로리(Lois Lowry)의 대표작입니다. 작가는 이 작품으로 뉴베리 상을 받았습니다. 전 세계적으로 천만 부 이상이 팔릴 정도로 작품성과 대중성을 인정받은 작품 입니다. 책은 디스토피아적인 미래 사회에서 Jonas라는 평범한 아이가 기억을 조절하는 절대적인 역할을 담당하는 자로 임명되면서 벌어지는 이야기를 다루고 있습니다. 메릴 스트립, 제프 브리짓이 출연한 동명의 영화도 있으니 책과 비교하면서 감상해보세요. 뒤에서 소개할 롱테일북스 출판사에서 국내 독자들을 위한 원서로도 출간하였으니 그 교재의 도움을 받으면 쉽게 이

책을 읽을 수 있습니다. 영어 원서 초보들에게는 다소 시간이
필요한 작품입니다.

* 유사 추천 도서 : Number the Star (Lois Lowry) / Fahrenheit 451 (Ray Bradbury) / The Fault in Our Stars (John Green) / 13 Reasons Why (Jay Asher) / One of Us Is Lying (Karen M. McManus)

8) Miraculous Journey of Edward Tulane (Kate Dicamil- lo)

학생들에게 추천을 받아 읽게 된 동화책으로 우리나라에
서는 드라마 〈별에서 온 그대〉에 나와서 유명세를 치른 작품
입니다. 도자기 토끼 인형 Edward가 주인의 품을 떠나 다양
한 여정을 경험하는 이야기 입니다. (마지막 결말에서 눈물을
쏟을 수 있으니 주의!) 단어 수준, 책의 분량, 스토리 전개, 삽화
에 이르기까지 영어 원서 초보자들에게 완벽한 교재라고 할
수 있습니다. 번역본으로 출간되어 있지만 번역본과 비교해
서 읽으면 오히려 혼란만 생길 뿐이니 원서에만 집중하도록
하세요.

* 유사 추천 도서 : The Tales of Despereaux (Kate Dicamillo) / The Call of the Wild (Jack London) / Sarah, Plain and Tall (Patricia MacLachlan) / The

Giving Tree (Shel Silverstein) / A Wrinkle in Time (Madeleine L'Engle)

9) Six Fairy Tales from the Brothers Grimm with Illustrations by David Hockney (David Hockney)

그림 형제의 동화 6편에 현재 가장 핫한 미술가인 데이비드 호크니(David Hockney)가 삽화를 그린 책입니다. 이 책을 읽기 전에는 라푼젤이 이렇게 잔인하고 암울한 동화인지 전혀 알지 못했습니다. 라푼젤 이외에도 우리에게는 많이 알려지지 않은 그림 형제의 동화를 만날 수 있는데 마치 18세 이상 관람가의 성인 동화를 읽는 느낌이 듭니다. 이 책의 백미는 젊은 호크니의 재기발랄한 39개의 에칭 삽화들입니다. 호크니를 좋아하는 사람들이라면 반드시 읽고 소장해야 하는 작품입니다. 동화이기 때문에 영어 수준이 그리 높지 않고 삽화 반, 글자 반으로 구성되어 일주일 내로도 끝낼 수 있는 분량입니다.

* 유사 추천 도서 : Life of David Hockney (Catherine Cusset) / A History of Pictures for Children (David Hockney 외) / A Wild Swan: And Other Tales (Michael Cunningham) / Mistress of All Evil: A Tale of the Dark Fairy (Serena Valentino) / Wreck This Journal (Keri Smith)

10) 롱테일북스 출판사 원서 시리즈

롱테일북스는 영어 원서를 쉽게 읽을 수 있도록 도와주는 책을 출간하는 국내 출판사입니다. 초창기에는 '원서 읽는 단어장'이라는 시리즈물을 출간했는데 국내 독자들이 원서를 읽을 때 어려워할 수 있는 단어들을 모아 단어장 형식으로 책을 냈습니다. 지금은 단어장뿐만 아니라 읽기 책도 함께 내고 있습니다. 한 권은 한글이 전혀 없는 영어 원서, 또 한 권은 원서를 읽기 위해 필요한 단어장 및 연습 문제가 들어간 책을 묶어서 내고 있습니다. 앞에서 소개한 뉴베리상 수상작 중 롱테일북스를 통해서 출판된 것들이 많습니다. 원서만 구입해서 읽는 것보다 이 출판사의 교재를 활용하면 Book of the Month를 실행하는 데 매우 큰 도움을 받을 수 있습니다.

* 유사 추천 도서 : 롱테일즈 북스 영화 원서 시리즈 / 길벗이지톡 스크린 영어회화 시리즈 / Oxford Bookworms Library 시리즈 / Choose Your Own Adventure 시리즈 / Diary of a Wimpy Kid 시리즈

영어 원서 읽기 습관 기르기

글, 그림: 라이언

고전작품, 필독서, 장편소설, 번역본이 딸린 책은 피하라

뉴베리 수상작, YA 원서, 영화로 제작된 책, 그래픽 노블을 읽어라

주간 독서 스케줄을 정하라

항상 책을 가지고 다녀라

원서를 공부하지 마라

이해되지 않는 문장은 애써 해석하려 하지 마라

가급적 영어 사전을 찾지 마라

대화문으로 주요 흐름을 파악하라

전자책으로 읽어라

나에게 안 맞는 책은 과감히 포기하라

인터넷에서 영어 독서 후기를 읽어라

4. 한 영화를 세 번 보는 습관

　제가 가장 좋아하는 영화는 〈시애틀의 잠 못 이루는 밤〉입니다. 감수성이 한창이던 고등학교 때 용돈을 모아 비디오를 구입해 수십 번을 볼 정도로 이 영화를 좋아했습니다. 헌데 등굣길에서 자주 듣던 라디오 프로그램 굿모닝 팝스에서 이달의 영화로 저의 최애 영화를 다루겠다고 하지 않겠어요? 당장 서점으로 뛰어가 굿모닝 팝스 교재를 샀죠. 방송을 들으면서 영화 대사 하나하나의 뜻을 이해하고 단어도 암기하고, 대사를 크게 따라 하면서 열심히 '영화 영어 공부'를 하게 되더라고요.

　내가 좋아하는 분야를 계속 파헤치다 보면 더 좋아하게 되는 거 아시죠? 영어 공부라는 생각보다는 그냥 영화로 영어를 접하는 게 좋았어요. 좋아서 하다 보니 대사 몇 줄은 배우의 감정까지 살려서 말하는 수준이 되더라고요.

운전을 배울 때 고속도로를 한 번 타 보면 운전 실력이 갑자기 늘듯이 영어로 된 영화를 처음부터 끝까지 심도 있게 공부하면 영어에 대한 자신감이 생길 뿐만 아니라 실력이 업그레이드된 것 같은 느낌이 듭니다. 앞서 소개했던 Book of the Month와 비슷하다고 할 수 있는데 이 경우는 Film of the Month라고 할 수 있겠네요.

이번 장에서는 내가 가장 좋아하는 영화를 활용해서 영어 공부 습관을 어떻게 기를지 알아보도록 하겠습니다.

미드 vs 영화, 영어 공부 차이

영상 매체를 활용한다는 점에 있어서 미드로 영어 공부하기와 영화로 공부하기는 비슷하다고 볼 수 있지만 저는 이 두 매체를 매우 다르게 활용하고 있습니다.

앞에서 미드는 스토리 파악을 중심으로 봐야 한다고 했습니다. 단어도 가급적 많이 찾지 말고 스토리 파악에 필요한 단어 정도만 검색하면서 이야기의 흐름을 끊지 말라고 했었죠. 하지만 내가 좋아하는 영화의 경우는 이미 여러 번 보았기 때문에 이야기의 흐름을 다 알고 있습니다. 그래서 스토리 파악보다는 깊게 파고드는 학습을 해야 합니다. 대사 하나하나를 해석하고 모르는 단어가 나오면 사전을 찾기도 하고, 잘 모르는 미국 문화 관련 내용이 나오면 인터넷을 검색하는 등 적극적이고 능동적으로 영어 공부를 해야 합니다.

또한 미드는 딱 한 번만 보라고 말씀드렸습니다. 같은 미드를 여러 번 반복해서 보면 미드 시청 진도를 나갈 수 없거든요. 처음 몇 에피소드는 한글 자막을 활용하면서 전반적인 캐릭터와 배경을 이해하고 나머지 에피소드들은 영어 자막으로 보면서 듣기와 읽기를 동시에 진행하는 효과를 얻으라고 했었죠. 영화는 이와 반대로 여러 번 반복해서 시청하는 것이 좋습니다. 약 2시간 정도의 분량이기 때문에 몇 장면을 반복해서 본다고 해도 공부 진도 나가는 게 어렵지는 않습니다. 내가 좋아하는 영화이기 때문에 반복해서 봐도 지겹지 않고 같은 대사를 여러 번 접하면서 그 대사를 내 문장으로 만들 수도 있습니다.

미드는 출근길이나 운동을 할 때처럼 여러 장소에서 핸드폰으로 부담 없이 시청할 수 있습니다. 하지만 영화로 공부할 때는 노트에 필기도 해야 하고, 인터넷으로 단어나 표현을 검색해야 하므로 조용한 곳에서 앉아서 하는 게 좋습니다. 어떻게 보면 미드는 '즐긴다'는 마음으로, 영화는 '공부한다'는 생각으로 접근하는 거죠.

미드와 영화 중 무엇이 영어 공부에 더 효과적이라고 말할 수는 없습니다. 두 매체가 가지고 있는 성격이 매우 다르기 때문에 공부 접근법이 다를 뿐입니다. 그러므로 이 둘 중 하나만 활용하지 말고 두 가지 모두를 활용해서 공부할 것을 추천합니다.

이어지는 글에서 영화로 영어 공부를 어떻게 하면 되는지, 어떻게 영어 공부 습관을 만들 수 있는지 알려 드리도록 하겠습니다.

[따라하자!!] 영화로 영어 공부하는 습관 5가지

1) 일단 좋아하는 영화 5개부터 써보라

영어 회화 수업 시간에 'What's your favorite film?'이라고 물어보면 대부분의 학생들은 대답하는 데 시간이 좀 걸립니다. 영어 실력의 문제보다는 재미있게 본 영화가 너무 많아서 딱히 어떤 영화를 'my favorite film'으로 선택해야 할지 망설이기 때문입니다. 그래서 저는 이 질문을 하기 전에 학생들에게 좋아하는 영화 5개를 생각나는 대로 쓰게 한 뒤 좋아하는 순서대로 순위를 매기게 합니다. 여러분도 어떤 영화를 공부할지 선택 장애가 있다면 일단 좋아하는 영화 5개를 써보세요. 5개의 영화 목록을 작성했다면 이제 여러분이 최고로 좋아하는 영화에 동그라미를 하세요. 그 영화가 'Film of the Month' 즉 여러분이 이번 달에 공부할 영화입니다.

이 프로젝트를 시작할 때는 꼭 여러분의 all time favorite, 즉 최고로 좋아하는 영화로 시작해야 합니다. 나의 영어 수준을 고려한다고 해서 디즈니 애니메이션이나 대사가 없는 공포 영화나 액션 영화를 먼저 공부하면 안 됩니다. 정말 사고 싶은 물건이 있는데 어쩔 수 없이 다른 물건을 구입하면 그

물건에 대한 아쉬움이 머릿속에서 떠나지 않습니다. 반드시 내가 좋아하는 영화를 선택해야 한 달 동안 파헤치면서 공부할 맛이 납니다.

그리고 만일 내가 정말 좋아하는 영화인데 영화 파일과 영어 자막을 구할 수 없다면 과감하게 포기해야 합니다. 김치가 없으면 김치찌개를 만들 수 없는 것처럼 영화에 대한 자료가 없는데 어떻게 공부를 시작할 수 있겠어요? 이럴 때는 다시 영화 목록으로 돌아가 그 다음으로 좋아하는 영화를 골라야 합니다.

영화 파일은 avi, wmv, mov, mkv, flv 등의 확장 파일명을 가진 것이 일반적인데 요즘은 곰플레이어, 다음 플레이어, 윈도우 미디어 플레이어 등의 프로그램으로 웬만한 영화 파일은 플레이 할 수 있습니다. DVD나 블루레이로 공부하는 것은 적절치 못합니다. 일시 정지, 장면 반복 등을 원활하게 하기 위해서는 PC의 미디어 플레이어가 가장 편리합니다. 그리고 이런 미디어 플레이어에서는 재생 속도를 느리게 조절할 수도 있어 나의 영어 실력에 맞게 대사 속도를 조절할 수 있습니다.

자막은 영화 파일을 다운받을 때 함께 받을 수 있는데 가급적 한영 통합 자막으로 구하도록 하세요. 만일 영어 자막을 함께 다운받지 못했다면 Google에서 'English subtitle of 영화명'을 검색해서 직접 찾아봐도 됩니다. 한국에서 만든 자막은 .smi 파일 양식이지만 외국에서 제작된 자막 형태는 .srt 양식입니다. 둘 다 모두 컴퓨터 플레이어에서 읽을 수 있습니다. 만일 영어 자막의 싱크가 맞지 않는다면 싱크 맞춤을 통해서 자막과 영상을 맞추도록 하세요. 그리고 영화 파일과 자막을 구하는 수고를 덜 수 있는 가장 좋은 방법은 넷플릭스 등의 스트리밍 서비스를 이용하는 것입니다.

2) 내가 좋아하는 영화의 스크린 영어 교재가 있다면 적극 활용하라

내가 좋아하는 영화가 스크린 영어 교재로 나왔다면 망설이지 말고 해당 교재를 활용해서 공부하세요. 스크린 영어 교재는 영화를 일정 분량 챕터로 나눠두었기 때문에 학습자가 한 달 동안 공부 스케줄을 짜는데 매우 편리합니다. 그리고 어려운 단어나 표현들은 이미 뜻을 정리 해놓았기 때문에 학습자가 일일이 찾아서 공부하는 수고로움을 덜 수 있습니다. 또 각 챕터의 마지막에는 연습 문제가 수록되어 있어 제대로

153

공부 했는지 안 했는지 확인할 수도 있고 영어 듣기 파일이 있어서 영상을 보지 않고도 듣기 능력을 향상시킬 수도 있습니다. 검증된 저자들이 해설을 하기 때문에 영화를 깊이 있게 이해할 수 있다는 것도 큰 장점입니다. 영화에 나오는 대사 중에는 사전적인 의미로만 해석할 수 없는 것들이 많이 있는데 영어와 미국 문화에 익숙한 저자가 맞춤식 해석과 설명을 해주기 때문에 혼자서 공부하는 것보다 훨씬 큰 도움을 받을 수 있습니다. 배우의 동작과 장면을 묘사하는 지문이 포함된 '완전체 대본'을 다루는 스크린 영어 교재도 있기 때문에 마치 읽기 교재처럼 활용할 수도 있습니다.

영화관에서 상영되는 모든 영화가 스크린 교재로 출간되면 좋겠지만 한국에서 히트한 작품들은 교재로 만들어질 가능성이 높기 때문에 영화를 선택할 때 인터넷 서점에서 스크린 영어 교재가 있는지 꼭 검색해 보세요. 제가 굿모닝 팝스 교재로 〈시애틀의 잠 못 이루는 밤〉을 공부했던 것처럼 스크린 영어 교재는 여러분의 영어 공부를 도와주는 친절한 가이드가 될 것입니다.

3) 일주일 단위의 공부 스케줄을 만들어라

Book of the Month 프로젝트를 할 때 가장 먼저 할 일은 한 달 동안 어떻게 읽을 것인가 독서 스케줄을 만드는 것이었죠? 영화로 영어 공부를 할 때도 마찬가지로 시청 스케줄을 만들어야 합니다. 원서를 읽을 때는 매일의 스케줄보다는 일주일 단위로 정하는 것이 좋다고 말씀드렸죠? 영화 공부도 역시 일주일 단위로 시청 분량을 정하는 것이 좋습니다.

120분 분량의 영화를 4주 동안 공부한다면 한 주에 대략 30분 분량을 공부하는 겁니다. 이 30분 중에는 대화가 많이 나와서 공부할 대사가 많은 장면이 있을 수 있고 대사가 전혀 없이 배우의 동작이나 배경 묘사 장면으로만 채워지는 경우도 있습니다. 대사가 많은 날은 공부 진도를 많이 못 나가지만 전투 장면이 많은 날은 공부 진도를 빠르게 나갈 수 있겠죠. 이런 점을 고려해서 일주일 단위로 공부 스케줄을 작성하는 겁니다. 공부 스케줄은 핸드폰으로 알람 설정을 해 두고 자신에게 알려 주도록 합니다.

4) 세 번 반복해서 보라

미드는 한 번으로 끝냈지만, 영화로 영어 공부를 할 때는 오늘 학습할 영상 구간을 세 번 반복해서 보도록 합니다.

첫 번째로 볼 때는 영화 감상하듯이 한글 자막을 보면서 오늘은 어디까지 공부할지 분량을 정합니다. 공부할 분량을 정했으면 다시 시작점으로 돌아갑니다. 두 번째로 같은 장면을 시청할 때는 한글 자막 대신 영어 자막을 활용합니다. 귀로는 영어 대사를 들으며 동시에 눈으로는 영어 자막을 읽습니다. 대사 중 모르는 표현이 나오면 일시 정지를 누르고 인터넷 사전을 통해서 뜻을 검색한 뒤 '영어 단어장'에 적도록 합니다. 만일 인터넷 한영사전을 검색해도 문맥에 맞는 뜻을 찾지 못했다면 urbandictionary.com이나 onlineslangdictionary.com 등의 미국 슬랭 사전을 찾아보세요. 구글에서 'What does ___ mean?'이라는 검색어를 활용하면 대부분의 표현은 찾을 수 있습니다. 스크린 영어 교재를 활용한다면 수고스러운 사전 찾기 과정은 생략할 수 있겠죠?

두 번째 시청을 한 뒤에는 오늘 새로 등장한 표현을 공부하세요. 영어 단어를 암기할 때는 뜻과 단어를 5번씩 쓰면서 외우라고 했던 것 기억하시죠? 오늘 나왔던 단어의 뜻과 철자를 5번씩 쓰면서 그 단어를 크게 발음합니다. 내가 좋아하는 영화의 '영어 단어장'을 만드는 것도 아주 좋습니다.

새로 나온 표현을 암기하는 활동이 다 끝났다면 다시 시작점으로 돌아가 세번째 시청을 합니다. 이때는 아무 자막 없이 보도록 하세요. 두 번째 시청이 끝나고 내가 공부했던 표현을 대사 속에서 접하면서 제대로 이해하고 있는지 살펴봅니다. 만일 대사를 듣고도 무슨 말인지 이해가 되지 않거나 단어 뜻이 생각나지 않는다면 '일시 중지'를 누르고 다시 그 표현을 찾아보도록 합니다. 미드로 공부할 때는 대충 이해가 되면 넘어갔지만 내가 좋아하는 영화는 미드 때보다 훨씬 더 꼼꼼하게 공부하도록 하세요.

5) 마지막 날에는 자막 없이 즐겨라

한 달 동안 영화 대사를 이리저리 뜯어보며 공부하는 일이 끝났다면 마지막 날에는 처음부터 끝까지 '일시 정지' 없이 그 영화를 관람합니다. 한글이나 영어 자막은 활용하지 마세요. 세번을 봤다고 해서 자막 없이 영화를 완벽하게 이해할 수는 없겠지만 처음보다는 훨씬 더 많은 대사가 귀에 들어올 것입니다. 몇몇 대사를 놓쳤다고 해서 죄책감을 느끼지 말고 내가 좋아하는 영화의 영어 대사를 처음부터 끝까지 공부해본 경험을 자랑스럽게 생각하면 됩니다. 한국어 자막으로 영화를 보는 것보다는 훨씬 더 가치 있는 일이니까요.

[강추!!] 영어 공부하기 좋은 영화 10

1) Sleepless in Seattle (1993)

남들은 chick flick(여성 관객을 위한 로맨틱 코미디 영화를 살짝 비꼬면서 하는 말)이라고 놀릴 수 있지만 내 인생 최고의 영화를 만난다면 그것이 무엇이든 상관없습니다. 영화는 노라 에프론 감독의 자극적인 대사가 없는 스토리텔링이 돋보이는 작품으로 스무 번 이상 돌려 봐도 전혀 지루하지도 뻔하지도 않습니다. 역시 로맨틱 코미디는 90년대가 최고였네요. 스크린 영어 교재로 출간되지는 않았지만 넷플릭스에서 영어 자막으로 시청할 수 있습니다.

* 유사 추천 작품 : You've Got Mail (1998) / While You're Sleeping (1995) / Notting Hill (1999) / When Harry Met Sally (1989) / Love Actually (2003)

2) A Charile Brown Christmas (1965)

미국에서 크리스마스만 되면 TV로 방영되는 30분가량의 짧은 애니메이션입니다. 볼품없이 초라한 크리스마스트리를 'Charile Brown's Tree'라고 부를 정도로 미국인이라면 꼭 한 번은 보았을 국민 애니메이션입니다. 60년대 빈티지 종이 애니메이션을 통해서 따듯한 아날로그 감성을 느낄 수 있으며 크리스마스에 어울리는 공감과 어울림을 주제로 하여 아이들과 함께 감상하기에도 적절합니다. 재즈 피아니스트 빈스 과랄디의 사운드 트랙 역시 놓쳐서는 안됩니다. 인터넷에서 검색하면 쉽게 찾아볼 수 있습니다.

> * 유사 추천 작품 : Frosty the Snowman (1969) / Rudolph the Red-Nosed Reindeer (1964) / How the Grinch Stole Christmas (1966) / Miracle on 34th Street (1947)

3) Forrest Gump (1994)

남들보다 지능은 떨어지지만 묵묵히 자신의 자리를 지키면서 남들보다 더 의미 있는 인생을 만들어가는 주인공에게 감동하지 않을 사람이 어디 있을까요? 히피 운동, 베트남 전쟁, 워터게이트 스캔들, 중국과의 핑퐁 외교 등 미국의 굵직굵직한 60, 70년대 역사적 사건을 다루고 있어 미국의 역사와 문화를 이해하는 데 도움이 됩니다. 영화의 인기에 힘입어 'Bubba Gump Shrimp'라는 대형 패밀리 레스토랑이 미국 전역에 생겨날 정도였습니다. 스크린 영어 교재로 출간되어 있습니다.

* 유사 추천 작품 : The Curious Case of Benjamin Button (2008) / The Terminal (2004) / Cast Away (2000) / A Beautiful Mind (2001) / Catch Me If You Can (2002)

4) Good Will Hunting (1997)

시나리오, 감독, 배우, 음악까지 모든 것이 완벽한 작품입니다. 케이블 TV에서 간혹 방송이 나올때마다 하던 일도 잊고 넋을 놓고 보던 영화입니다. 〈죽은 시인의 사회〉 이후 로빈 윌리엄스의 또 다른 명작이자 풋풋한 맷 데이먼을 만날 수 있습니다. 죽은 시인의 사회 부류의 작품을 좋아하는 사람이라면 꼭 챙겨 봐야 하는 명작입니다. 영화의 하이라이트는 로빈 윌리엄스의 'It's not your fault.'라는 말에 맷 데이먼이 하염없이 오열하는 장면입니다. 스크린 영어 교재로 출간되어 있습니다.

* 유사 추천 작품 : Dead Poets Society (1989) / The Truman Show (1998) / Freedom Writers (2007) / We Bought a Zoo (2011) / Promised Land (2012)

5) Toy Story 3 (2010)

픽사 영화 마니아로서 어찌 이 영화를 추천하지 않을 수 있겠습니까? 저는 마지막 장면을 보면서 내가 가진 장난감이 이 세상의 전부였던 시절이 떠올라 눈물을 멈출 수가 없었습니다. 픽사 영화는 스토리가 복잡하지도 않고, 대사도 어렵지 않으며, 스튜디오 더빙이라 대사가 비교적 명확하게 들려 영어 교재로도 완벽합니다. 대부분의 픽사 영화들이 국내에서 스크린 영어 교재로 출간되어 있습니다. 영화로 영어를 공부하고자 한다면 픽사 영화로 시작하는 것을 추천합니다.

* 유사 추천 작품 : The Incredibles (2004) / UP (2009) / Finding Nemo (2003) / Wall-E (2008) / Inside Out (2015)

6) Moonrise Kingdom (2012)

믿고 보는 감독, 믿고 보는 배우가 있으면 영화 선택이 쉬워집니다. 저의 '믿고 보는 감독'은 웨스 앤더슨(Wes Anderson) 입니다. 우리나라에서 〈그랜드 부다페스트 호텔〉로 유명세를 얻었지만 그의 최고 작품은 〈Moonrise Kingdom〉입니다. 웨스 앤더슨 감독의 작품은 스토리도 탄탄하지만 무엇보다 스크린에 화면을 구성하고 색깔을 구현하는 능력이 뛰어나 할리우드의 수많은 배우가 그의 러브콜을 기다리고 있습니다. 실사 영화도 잘 만들지만 그의 애니메이션은 디즈니나 픽사가 따라올 수 없을 정도의 완벽함을 보여주고 있습니다. 로알드 달(Roald Dahl)의 동화 〈Fantastic Mr. Fox〉를 원서로 읽은 후 같은 제목의 영화를 꼭 보는 걸 추가로 추천 합니다.

* 유사 추천 작품 : Fantastic Mr. Fox (2009) / The Life Aquatic with Steve Zissou (2004) / The Grand Budapest Hotel (2014) / Burn After Reading (2008) / Little Miss Sunshine (2006)

7) The Wizard of OZ (1939)

〈오즈의 마법사〉 스토리를 모르는 사람은 없지만 〈The Wizard of OZ〉 영화를 제대로 본 한국 사람은 많지 않습니다. 이 영화가 미국 상업 문화에 끼친 영향은 매우 크다고 할 수 있습니다. 영화에 나오는 캐릭터나 소품, 일부 대사들은 미국인들에게 너무나도 유명하여 다른 영화나 TV 그리고 일상 대화에서도 자주 언급됩니다. 핼러윈 파티에서도 영화 속 캐릭터를 따라 한 복장을 쉽게 찾을 수 있고, 〈위키드〉(Wicked)라는 메가 히트 뮤지컬도 이 영화에서 아이디어를 얻었습니다. 영화를 보기 전에 동화로 된 짧은 원작을 먼저 읽어보는 걸 추천합니다.

* 유사 추천 작품 : OZ the Great and Powerful (2013) / The Sound of Music (1965) / Mary Poppins (1964) / Roman Holiday (1953) / Mamma Mia (2008)

8) The Dark Knight (2008)

액션이나 공포 영화는 영화로 영어를 공부하고자 하는 사람들에게 매우 적절한 교재입니다. 선과 악의 대비가 뚜렷하여 스토리를 이해하는 데 무리가 없고 액션 장면이 많아서 대사에 대한 부담이 적기 때문입니다. 하지만 다시 봐도 질리지 않는 액션 영화를 찾기는 어려운데 그중에서 가장 뛰어난 영화라고 하면 이 〈배트맨〉 영화를 추천합니다. 이름 값하는 배우들의 연기도 물론이지만 유치한 슈퍼히어로 스토리를 암울하고 웅장하게 표현한 감독의 연출력에도 감탄하지 않을 수 없습니다. 영화를 보기 전에 영어로 된 그래픽 노블을 미리 읽는 것도 추천해 드립니다.

* 유사 추천 작품 : Casino Royale (2016) / Watchman (2009) / Logan (2017) / X-Men (2000) / Wonder Woman (2017)

9) Harry Potter and Prisoner of Azkaban (2004)

영어 초보자가 〈해리포터〉 시리즈를 영어 원서로 읽는 것은 매우 어려운 일입니다. 하지만 영화라면 충분히 도전해 볼만합니다. 줄거리를 알고 있기 때문에 영화를 보면서 헤매지 않아도 되고 액션 장면이 자주 등장해서 많은 양의 영어를 접하지 않아도 됩니다. 그리고 영화 내내 영국식 억양과 발음을 접할 수 있어 미국 영어에 치우친 영어 공부에 변화를 줄 수도 있습니다. 많은 해리포터 시리즈 중에 이 영화를 추천하는 이유는 단지 '알폰소 쿠아론'이라는 이름 때문입니다. 예술 영화를 주로 제작하는 감독이 가장 할리우드적인 상업 영화를 만들어냈습니다. 해리포터 시리즈는 이 영화 이후로 점차 어른 영화가 되어갑니다.

* 유사 추천 작품 : The Chronicles of Narnia: The lion, the Witch and the Wardrobe (2005) / The Lord of the Rings (2001) / Alice in Wonderland (2010) / The Golden Compass (2007) / The Hunger Games (2012)

10) The Empire Strikes Back (1980)

미국 사람들은 〈스타워즈〉를 좋아하는 사람과 그렇지 않은 사람으로 나눌 수 있다는 농담이 있을 정도로 스타워즈는 미국 문화에 큰 영향을 주는 영화입니다. SF 영화답게 기술적인 단어들이 자주 등장해서 영어 초보들에게는 다소 어려울 수 있지만 한 번 빠지게 되면 스타워즈 세계에서 벗어날 수 없습니다. 조지 루커스 필름이 디즈니에 합병되면서 최근에 스타워즈 영화가 자주 제작되고 있지만 그래도 70, 80년대 만들어진 스타워즈가 더 정감이 갑니다.

* 유사 추천 작품 : Star Trek (2009) / The Matrix (1999) / Alien (1979) / Terminator 2 (1991) / Blade Runner (1982)

영화로
영어 공부하는
습관 기르기

글, 그림: 라이언

영상 파일과 영어 자막이 있는 영화를
선택하라

스크린 영어 교재를 구입하라

Holy moly!

일주일 단위로 영화 공부 스케줄을 정하라

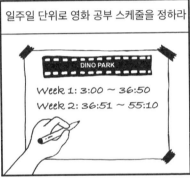

DINO PARK

Week 1: 3:00 ~ 36:50
Week 2: 36:51 ~ 55:10

3번 시청하라

첫번째
+
한글 자막

두번째
+
영어 자막

세번째
+
무 자막

2번째 시청에서 영어 표현을 단어장에
기록하고 학습하라

오늘의 새 단어
는 ….

영어 잘하는 사람들의 작은 습관

5. 각종 목록을 영어로 작성하는 습관

우리는 매일 목록을 작성합니다. 일과를 계획하며 오늘의 할 일 목록을 작성하고, 사야 할 물건을 잊지 않기 위해 쇼핑 목록을 쓰고, 그달의 중요한 일들을 놓치지 않으려고 월별 계획을 씁니다. 내가 작성하는 목록만큼 나의 생활을 잘 표현해 주는 자료는 없을 겁니다. 그럼, 이 목록들을 영어로 작성해 보면 어떨까요? 나의 일상 활동들을 영어로 어떻게 표현할지 생각해보고 습관처럼 계속 목록으로 쓰다 보면 나의 생활을 영어로 말하는 데 큰 도움이 될 것입니다.

이번 장에서는 오늘의 할 일 목록, 쇼핑 목록, 행복 목록 등을 영어로 작성하는 방법에 대해 알아보도록 하겠습니다.

To-do 리스트 쓰기

저는 To-do 리스트를 작성하며 하루를 시작합니다. To-do 리스트는 우리말로 '오늘의 할 일' 목록입니다. 하루 동안 어떤 일을 해야 할지 그리고 언제 그 일을 해야 할지를 생각하면서 써 내려가는 것이 바로 To-do 리스트입니다. 저는 월요일에는 평소보다 To-do 리스트를 작성하는 데 더 많은 시간을 할애합니다. 한 주의 시작인 월요일에 업무가 몰려 있기 때문이기도 하지만 무엇보다 목록을 작성하면서 휴일 동안 쉬었던 업무 감각을 다시 찾기 위해서 공을 들여서 To-do 리스트를 작성하고 있습니다.

To-do 리스트가 우리 생활에서 중요한 이유는 다음과 같습니다. 첫 번째는 오늘 내가 해야 하는 일의 중요도를 결정할 수 있습니다. 일이 많이 몰려 있는 날에는 어떤 것부터 처리해야 할지 막막할 수 있는데 이럴 때 To-do 리스트에 할 일을 모두 적고 오늘 반드시 해야 하는 일부터 순서를 정하고 일을 처리하면 효율적으로 하루 시간을 사용할 수 있습니다. 두 번째는 보조 메모리 같은 역할로 업무를 자주 잊어버리는 분들에게 큰 도움을 줍니다. 어떤 일에 몰두해 있으면 다른 업무가 생각나지 않을 때가 있잖아요? 이럴 때 To-do 리스트 목록을 한 번씩 체크하면 중요한 일을 까먹는 불상사를 줄일 수 있습니다. 마지막 세 번째는 작은 성취감을 느끼게 해줍니다. To-do 리스트에 있었던 업무를 끝내며 목록에서 하나씩 지워갈 때 느끼는 뿌듯함과 성취감은 경험해 본 사람만 알 수 있는 감정입니다.

저는 고등학교 때부터 To-do 리스트를 작성하기 시작했습니다. 그것도 영어로 말이죠. 영어로 '오늘의 할 일' 목록을 작성한 이유는 별다른 게 없습니다. 그냥 영어로 쓰는 게 멋져 보였거든요. 거의 20년 동안 To-do 리스트를 작성하였더니 나의 일상이나 오늘의 업무를 영어로 말하는 게 어렵지 않게 되었습니다. 카투사로 복무할 때 나의 일과를 미군 동료에게 설명하거나 학교에서 원어민 동료 교사에게 일정을 설명할 때 표현을 따로 찾지 않고 To-do 리스트에서 쓴 표현을 그대로 활용해서 말하면 끝이었거든요.

영어 공부는 '나'에 대해서 말하기 위함인데 내가 매일 하는 업무나 일상도 영어로 말 못 한다면 제대로 영어 공부를 한다고 할 수 없습니다. 어떻게 보면 영어 To-do 리스트 작성은 '나'를 영어로 표현할 것을 미리 준비하는 활동입니다. '목록 작성이 뭐가 힘들겠어?'라는 생각으로 아무 준비 없이 시작하면 습관처럼 이 활동을 할 수 없습니다.

쇼핑 리스트 쓰기

쇼핑 리스트는 지름신으로부터 우리의 지갑을 보호해 줄 뿐만 아니라 잊어버리지 않고 필요한 물건을 구입할 수 있도록 도와줍니다. 리스트를 작성하다 보면 과소비를 막을 수도 있고, 더 찬찬히 해당 물품이 반드시 사야 할 것인지 생각해 보는 계기도 됩니다. 그리고 영어로 쇼핑 리스트를 작성하면 내가 자주 사용하는 생활용품 단어를 익히기도 쉬워집니다. 멸치, 때밀이 타올, 물티슈 같은 한국적인 생활용품들은 미드나 영어 원서 심지어는 영어 시험에도 나오지 않는 단어들입니다. 하지만 나의 생활을 영어로 표현할 때는 자주 사용하는 단어라서 생활회화를 익힐 때 꼭 필요한 단어들입니다.

쇼핑 목록을 영어로 작성하면 이런 물건을 영어로 어떻게 말하는지 찾아보게 되고, 그 단어를 반복적으로 사용하면서 자연스럽게 '나의 단어'로 만들 수 있습니다. 완전히 새로운 물건을 사는 경우보다 같은 물건을 반복해서 사는 경우가 많다 보니 첫 몇 주만 새로운 단어들을 검색해서 잘 정리해두면 두고두고 회화에서 써먹을 수 있습니다.

해피 리스트 쓰기

저는 매사에 부정적인 사람이었습니다. 남들이 핑크빛으로 바라보는 상황에서도 용케 어두운 면을 찾아내는 묘한 능력이 있었죠. 걱정거리도 많았습니다. 걱정거리가 없는 게 걱정일 정도로 걱정을 달고 지냈습니다. 이런 성격 때문인지 쉽게 일을 추진하지 못하고 일이 잘 풀리고 있어도 항상 긴장을 늦추지 않고 지냈습니다. 긍정적인 사고를 키워주는 책을 여러 권 읽어 보았지만, 그때뿐이었습니다.

걱정거리가 많아 고민이라고 하자 전문 상담가 친구가 이런 제안을 했습니다. '해피 리스트를 작성해보는 건 어때?' 친구는 하루 중 나를 기쁘게 했던 일 3가지를 매일 적어보라는 조언을 했습니다. 배우자의 사별과 경제적 어려움으로 자살까지 결심한 한 연예인이 해피 리스트를 작성하면서 삶에 대한 긍정적인 태도를 가지게 되었다는 사연을 전하면서 말이죠. 워낙 막역하게 지내던 친구가 갑자기 진지하게 상담가다운 조언을 해주자 저는 그날 밤부터 해피 리스트를 작성하기 시작했습니다.

처음에는 아주 사소한 일부터 생각하기로 했습니다. 맛있게 먹었던 식사, 식사 후의 커피, 퇴근길 만원 버스에서 요행으로 자리에 앉게 된 것, 싫어하는 동료가 감기에 걸려 출근하지 않은 것 등 나를 잠깐이라도 기쁘게 했던 일 3가지를 썼습니다. 나중에는 3가지만 선택하는 게 힘들 정도로 행복한 순간들이 많이 생각났습니다. 이게 내가 생활을 바라보는 태도가 긍정적으로 바뀌고 있다는 신호가 아닐까요?

저는 지금 3년째 해피 리스트 작성을 실천하고 있습니다. 해피 리스트가 제 삶을 완전히 무지갯빛으로 바꾸어 놓은 건 아니지만 불평하고 불안해하는 모습이 예전보다 많이 줄어든 건 사실 입니다. 오늘 하루가 아무리 힘들었어도 내가 잠시나마 기쁠 수 있었던 순간이 3번이나 있었다는 단순한 사실을 알게 된 거죠. 예전에는 조금이라도 짜증 나는 일이 있으면 그 생각에 사로잡혀서 즐거운 일이 생겨도 전혀 기쁘지 않았습니다. 하지만 해피 리스트를 꾸준히 작성하면서 천천히 일상을 긍정적으로 바라보는 눈이 생기게 되었습니다.

해피 리스트를 영어로 작성하는 것은 짧은 영어 일기를 쓰는 것과 비슷합니다. 영어 일기가 영어 실력을 향상시키는 데 큰 효과가 있다는 것은 다들 아시죠? 하지만 꾸준히 영어 일기를 쓰는 일은 초보 영어 학습자에게 매우 부담스러운 활동입니다. 일기 쓰기 습관이 없는 것도 문제일 수 있지만, 무엇보다 영어 문장 쓰는 것에 대한 자신감이 없기 때문입니다. 해피 리스트는 일기와 달리 3가지 항목을 짧은 영어로 작성하는 활동이라 큰 부담이 없습니다. 그리고 시간이 오래 걸리지도 않습니다. 무엇보다 나의 일상을 영어로 표현하는 연습을 할 수 있어서 생활 영어회화에 도움이 됩니다.

이어지는 글에서는 각종 목록을 영어로 작성하는 습관 어떻게 하면 만들 수 있는지 알아보도록 하겠습니다.

[따라하자!!] 각종 목록을 영어로 쓰는 습관 8가지

1) 첫 주에는 한글과 영어를 함께 써라

첫 주에는 우리말로 리스트를 적은 뒤 영어로 그 표현을 옮기도록 하세요. 처음부터 영어로만 작성하면 눈에 잘 들어오지 않을 뿐만 아니라 영어 표현만 생각하다가 정작 본인의 중요 업무나 사야 할 것 등을 놓칠 수 있습니다. 한국어로 무언가를 리스트업하고 정리하는 습관이 있는 분들은 바로 영어로 작성하셔도 됩니다.

2) 동사 원형이나 명사로 짧고 간단하게 작성하라

'~하기'라는 접미사로 끝난다고 해서 ~ ing나 to 부정사의 형태로 쓰지 않아도 됩니다. 그냥 간단하게 원형 동사를 써도 됩니다. '김 부장님 전화하기'라면 'Calling Mr. Kim'이 아니라 'Call Mr. Kim'이라고 씁니다. 시간이 지나 영어 표현을 어느 정도 익혔다고 생각하면 동사를 생략하고 핵심적인 단어만 써도 됩니다. 빨래하기, 설거지 하기 등의 표현은 'Do laundry', 'Wash dishes'라고 쓰는 게 정석이지만 짧게 laundry 혹은 dishes라고 써도 됩니다. 가령 해피 리스트의 경우

'스타벅스에서 커피 마시기'라고 하면 'Coffee at Starbucks'라고만 쓰세요. 김 과장님의 결근이 행복을 가져다 주었다면 'Mr. Kim was not at work'라고 쓰셔도 됩니다. 일기를 쓰는 게 아니고 목록을 만드는 거라는 사실을 잊지 마세요. 그리고 표현이 맞는지 틀리는지 너무 연연하지 마세요.

목록 작성이 어느 정도 익숙해지면 좀 더 구체적으로 작성해보는 단계로 넘어가도 됩니다. 이는 나중에 내 일을 영어로 표현할 때 도움이 됩니다. 예를 들어 'Call Sung woo(성우 씨에게 전화하기)'라고 쓰지 말고 'Call Sung woo for the final report(최종 보고서 안건으로 성우 씨에게 전화하기)'라고 기재해 보세요.

3) 내가 쓰는 표현이 맞는지 의심될 땐 구글로 확인하라

'내가 쓰는 표현이 맞는 건가?'하고 자신이 없을 때는 구글을 통해서 확인합니다. 검색하고 싶은 영어 표현 앞뒤에 따옴표(" ")를 붙이고 search를 클릭하면 정확하게 그 표현이 나오는 사이트의 숫자가 나옵니다. 보통 500개 이상이 나오면 그 표현이 콩글리시나 틀린 표현이 아니라는 뜻이니 그 영어 표현을 자신 있게 사용하세요. 영어로 리스트 쓰기는 내 생활을 영어로 한번 생각해보자는 취지에서 시작한 것이지 내 영어를 100% 정확하게 만들기 위해서 하는 활동은 아닙니다. 원어민이 안 쓰는 영어를 할까 봐, 콩글리시일까 봐 주저하게 되면 절대로 혼자서는 공부를 할 수가 없습니다.

4) 어려운 단어는 인터넷 영어 사전이나 지식인을 활용하라

어떻게 표현해야 할지 모르겠으면 인터넷 영어 사전에서 표현을 검색합니다. To-do 리스트의 경우 비즈니스 영어 사전 혹은 생활 영어 사전 등의 교재를 활용해도 좋습니다. 회사 용어들은 한자로 된 것들이 많잖아요? 그럴 때는 한자 용어들을 우리말로 쉽게 풀어서 영어로 옮기도록 합니다. 가령, 조퇴는 일찍 직장을 나간다는 의미니까 'leave work early'라고 씁니다. 초과근무는 시간을 넘겨서 일하는 것이니까 'work overtime'이라고 하고, 김 부장님께 결재 득하기는 'get Mr. Kim's approval for the project' 등으로 풀어도 됩니다.

쇼핑 리스트에는 매일 사용하는 물건인데도 영어로 어떻게 부르는지 모르는 것들이 너무 많습니다. 영어 도사들이 옆에 있으면 물어보기라도 할 텐데 항상 그럴 순 없잖아요? 무

(radish), 애호박(zucchini)처럼 한국어와 영어가 바로 대칭되는 단어도 있지만, 낙지 젓갈(salted small octopus), 일회용 물티슈(disposable baby wipe)처럼 제조 방법이나 사용 목적을 영어로 풀어서 설명해야 하는 것들도 있습니다. 이럴 때는 인터넷 한영사전이나 네이버 지식인 같은 온라인 영어 도사들의 도움을 받으면 좋습니다.

영어 표현만 목록에 적었다고 끝이 아닙니다. 반드시 인터넷 사전에 나오는 발음을 듣고 따라 해 보아야 합니다. 발음을 할 수 있어야지 나중에 그 표현을 써먹어야 할 때 자신있게 말 할 수 있습니다.

5) 일부러 암기하지 말고 생활 속에서 자연스럽게 익혀라

앞에서 영어 단어 공부를 할 때는 5번씩 쓰면서 암기하라고 했잖아요? 리스트에 작성되는 표현들은 굳이 따로 암기하지 않아도 됩니다. 우리 일상은 반복되는 일의 연속입니다. 그럼 당연히 리스트에 등장하는 표현들도 계속 반복해서 쓸 수밖에 없겠죠? 매일 그 표현을 영어로 적고, 그 표현을 목록에서 지워나가면 자연스럽게 해당 영어 표현을 기억하게 됩니다. 리스트에 올라오는 내용들은 생활 영어 표현이나 단어들이 많을 겁니다. 일상 생활에서 자주 접하면서 익히는게 가장 자연스럽게 그 단어를 암기하는 방법 입니다.

6) 평일 뿐만 아니라 주말에도 작성하라

쉬는 날 아무 계획 없이 시간을 보내는 것도 좋지만 출근 전날 밤이 되면 휴일을 잘못 보낸 것 같아 속상할 때가 있습니다. 그래서 저는 휴일을 더욱 알차게 쓰려고 평소보다 더 꼼꼼히 리스트를 작성합니다. 평일에는 아무래도 To-do 리스트 중심으로 비즈니스 영어 표현을 많이 쓰게 되겠지만 휴일에는 쇼핑 리스트나 To-do 리스트에 나의 일상생활을 반영한 단어나 표현들을 많이 쓰게 됩니다. 이는 자연스럽게 생활 영어 표현을 익히는 데 도움이 됩니다.

해피 리스트의 경우에도 혈압약을 챙겨 먹듯 매일 쓰는 것을 권해드립니다. 특히 우울함과 부정의 노예가 된 분들은 매일 해피 리스트를 작성하면서 나쁜 감정들을 좋은 생각으로 바꾸는 습관을 기를 수 있습니다. 그래서 평일에도 하고 주말에도 작성합니다. 여행지에서도 하고 회식하고 늦게 귀가한 날에도 하세요. 리스트 작성에 익숙해지면 1분도 채 걸리지 않습니다.

7) 하루를 마감하며 잠들기 전에 작성하라

잠들기 전에 쓰도록 하세요. 샤워를 마치고 침대에 눕기 전에 작성하도록 합니다. 일기장처럼 노트를 사용해도 되지만 저는 핸드폰 메모 기능을 활용합니다. 핸드폰에 작성하는 거니까 불을 끄고 침대에 누워서도 작성을 할 수 있습니다. 그러나 손가락 하나도 까닥할 수 없을 정도로 피곤한 날에는 머릿속으로 리스트를 작성합니다. 다만 영어로 리스트를 생각해야 합니다. 그리고 다음 날에는 쓰는 활동으로 바로 돌아가야 합니다. 자꾸 머릿속으로만 생각하면 나중에는 리스트 쓰기가 귀찮아질 수도 있습니다.

8) 점점 하다 보면 수월해진다. 첫 주를 잘 넘겨라

습관 들이기가 다 그렇겠지만 리스트를 영어로 작성하는 일도 처음에는 귀찮고 생각보다 시간이 오래 걸립니다. 하지만 매일 하다 보면 첫 주보다 그 다음 주가 쉬워지고, 점점 목록 작성하는 일이 수월하다고 생각될 것입니다. 우리의 생활이 매일 비슷한 일을 반복하는 것이라 처음에 써먹었던 영어 표현을 계속 반복해서 작성하면 되거든요. 첫 습관을 들일 때의 고비만 잘 넘기도록 하세요.

영어 목록으로
공부하는
습관 기르기

글, 그림: 라이언

첫 주는 한글과 영어를 함께 써라

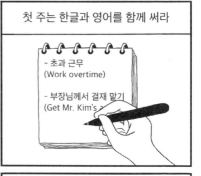

- 초과 근무
(Work overtime)

- 부장님께서 결재 맡기
(Get Mr. Kim's

모르는 표현은 인터넷 사전을 활용하라

틀린 표현을 써도 괜찮다

문장은 간결하고 짧게 써라

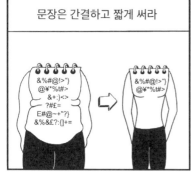

To-do 리스트는 업무 전에 작성하라

영어 잘하는 사람들의 작은 습관

주말에도 To-do 리스트를 작성하라

쇼핑 리스트 단어는 생활에서 암기하라

해피 리스트는 3개만 적어라

해피 리스트는 자기 전에 작성하라

핸드폰으로 작성해도 좋다

6. 큰 소리로 따라 읽는 습관

초등학교 때 담임 선생님은 한 명씩 일으켜 세워서 큰 소리로 책 읽기를 자주 시키셨습니다. 수줍음이 많고 내성적인 성격이었던 저는 그 책 읽기 시간이 너무 싫었습니다. 문장 하나를 제대로 읽지 못할 정도로 더듬거림이 심했고 긴장을 하니까 목소리는 기어들어 갔으며 내가 읽는 부분이 무슨 내용인지 이해도 잘 안 되었죠. 그냥 악몽 같은 시간이 빨리 지나가길 바랄 뿐이었습니다.

아이러니하게도 교사가 된 후 저도 학생들에게 크게 읽기를 시키고 있습니다. 저 스스로가 크게 읽기를 통해서 영어 실력이 많이 향상된 경험이 있기 때문입니다. 크게 읽기 즉 낭독 훈련은 언어를 공부하는 데 있어서 절대 빼놓아서는 안 되는 학습법입니다. 특히 영어의 경우 낭독 훈련을 꾸준히 하면 큰돈을 투자하지 않고도 영어를 잘하는 효과를 얻을 수 있습니다.

이번 장에서는 크게 읽기로 영어 공부 습관을 만드는 방법에 관해 이야기하려고 합니다. 그 이전에 가벼운 발성으로 목을 풀고 시작해 볼까요? '아, 에, 이, 오, 우, ♩ ♪ ♫ ♩ ♪ ♫' 해 보세요!

큰 소리로 읽으면 좋은 이유

요즘도 수업 시간에 선생님들이 학생들에게 크게 읽기 훈련을 시키는 이유, 그리고 영어 낭독에 관한 교재나 인터넷 강의가 꾸준히 사랑을 받는 이유는 크게 읽기가 확실한 효과를 보장하는 영어 학습법이기 때문입니다. 크게 읽기 훈련의 수혜자로서 제가 경험한 장점들은 다음과 같습니다.

무엇보다 발음이 좋아집니다.

크게 읽기를 하면 유창성을 키울 수 있습니다. 영어 초보들은 문장을 읽을 때 눈에 보이는 모든 단어를 또박또박 발음하려고 합니다. 단어를 공부할 때 배운 발음을 그대로 살려 말해야지 듣는 사람들이 더 잘 이해할 거라고 착각하는 거죠.

하지만 모든 단어를 또박또박 발음하면 원어민들은 되려 무슨 말인지 못 알아듣습니다. 단어와 단어가 연결되었을 때 연음이 되거나 발음에 변화가 생기는데 이런 것들을 잘 살려서 말해야지 영어를 제대로 한다고 할 수 있습니다. 억양 역시 유창성을 위해서는 무시할 수 없는 요소입니다. 발음 변화, 억양, 단어의 강약 등은 단지 영어를 많이 듣는다고 향상되는 것이 아니라 본인이 직접 입을 벌리고 연습을 해야 실력이 늘 수 있습니다. 이를 위해서는 큰 소리로 읽는 훈련만큼 좋은 학습 방법은 없습니다.

혼자 말하기에 최적화된 공부 방법입니다.

원서 읽기, 미드 보기, 단어 암기 등 지금까지 제가 소개한 영어 공부법들은 눈으로 읽거나, 귀로 들으면서 하는 학습 방법입니다. 영어는 듣기, 읽기, 말하기가 적절하게 조화를 이루면서 발전해야 하는데 혼자서 공부하다 보면 아무래도 말하기 부분이 취약해질 수밖에 없습니다. 원어민 친구를 만들어서 영어로 대화하면 최고의 말하기 공부가 될 수 있겠지만 원어민을 접할 기회는 자주 없습니다. 그렇다고 영어 벙어리 공부만 계속할 수는 없습니다. 원어민이 앞에 없더라도 입을 열면서 할 수 있는 활동이 필요한데 여기에 가장 잘 맞는 활동이 바로 '크게 읽기'입니다. 어떻게 보면 크게 읽기는 벙어리 영어 공부를 피하고 어느 정도 영어 공부의 균형을 맞추기 위한 최후의 보루라고 할 수 있습니다.

영어를 모국어로 하지 않는 사람들이 영어를 항상 잘할 수는 없습니다. 원어민이 된 듯이 하고 싶은 말이 술술 나올 때가 있고 영어 왕초보 시절로 돌아간 것처럼 말을 더듬거릴 때도 있죠. 저도 제 영어에 대한 자신감이 떨어질 때가 있는데요, 이럴 때 제가 쓰는 긴급 처방은 '무조건 크게 소리 내어 읽는 것' 입니다. 슬럼프에 빠진 운동선수들이 처음으로 다시 돌아가 기본기를 다지며 감을 찾는 것처럼 영어 텍스트를 크게 읽으면서 억양, 단어의 강약 조절, 연음 등 영어의 기본을 다시 생각합니다. 영어를 큰소리로 읽다 보면 내가 영어를 잘한다는 착각 아닌 착각이 들기 때문에 영어에 대한 자신감을 얻는 데 큰 도움이 됩니다. 또한 주어진 지문을 막힘 없이 읽은 후 느끼는 성취감 역시도 크게 읽기의 장점이라고 할 수 있습니다.

[따라하자!!] 큰 소리로 영어 읽는 습관 5가지

1) 중학교 교과서로 시작하라

단어 공부를 할 때 중학교 단어집으로 시작하라고 말씀드렸죠? 크게 읽기 훈련도 마찬가지입니다. 텍스트에 있는 단어 수준이 너무 높거나 문장 구조가 복잡해서 읽는 동시에 바로 이해가 되지 않으면 낭독에 집중할 수 없습니다. 그러므로 크게 읽기를 처음 시도하는 분들이라면 중학교 2, 3학년 교과서부터 시작하는 것이 좋습니다. 중학교 교과서는 가격이 매우 저렴하고 낭독 훈련에 꼭 필요한 원어민 음원 파일을 인터넷 사이트에서 무료로 구할 수 있어 최상의 교재라고 말할 수 있습니다. 본문이 6쪽 정도로 구성되어 있고 한쪽이 10~12개 정도의 문장으로 이루어져 있어서 하루 15분 내로 크게 읽기 훈련을 진행할 수 있습니다.

2) 처음부터 연설문으로 낭독 훈련을 하지 마라

중학교 교재는 성에 차지 않아 처음부터 연설문을 활용해서 낭독 훈련을 하려는 분들이 있습니다. 연설문은 매우 좋은 낭독 교재가 될 수 있지만, 영어를 모국어로 하는 사람들에게

나 해당되는 말입니다. 미국 대통령의 연설이나 유명 인사의 영어 강연은 원어민을 대상으로 하기 때문에 바로 듣고 이해하려면 상당히 높은 영어 수준을 필요로 합니다. 모르는 단어를 검색하고 복잡한 구문의 문장을 해석하는 데 많은 시간을 소비하면 정작 우리의 목표인 크게 읽기는 뒷전으로 밀려날 수 있습니다.

연설문의 분량도 크게 읽기를 꾸준히 연습하는 데 걸림돌이 됩니다. 유명 연설문은 10분 이상이 넘어가기 마련인데 하루 동안 그 분량을 소화하기에는 매우 어렵고 한 달 동안 조금씩 훈련한다고 해도 하루에 어디까지 공부해야 할지 분량을 끊기도 애매합니다. 유명 인사의 연설문은 크게 읽기 재료로 사용하기보다는 듣기나 독해 실력을 향상하기 위한 재료로 쓰는 게 더 좋습니다. 만일 중학교 교과서가 내 수준과는 맞지 않는다고 생각한다면 고등학교 교과서부터 시작할 수도 있습니다. 유명 인사의 연설문은 고등학교 교과서 크게 읽기를 마치고 난 뒤에 도전해 보세요.

3) 하루에 15분만 투자하라

지금까지 계속 반복해서 말씀드렸지만, 영어 공부는 절대로 한꺼번에 몰아서 하면 안 됩니다. 크게 읽기 연습도 역시 마찬가지입니다. 하루에 2~3시간을 몰아서 일주일 만에 끝내겠다는 등의 계획을 세우면 목의 핏대만 올라갈 뿐 큰 효과를 보지 못합니다. 가랑비에 옷 젖듯 하루에 15분 정도로 조금씩, 그리고 꾸준히 읽기 훈련을 진행해야 합니다. 습관 만들기가 다 그렇겠지만 처음에는 변화가 없는 것 같다가도 시일이 지나고 나면 나의 영어 실력이 달라지는 것을 확인할 수 있습니다.

중학교 교재의 경우 한 과의 본문은 대부분 6쪽으로 구성되어 있습니다. 그럼 하루에 한 쪽씩 읽기 훈련을 한다고 가정하면 일주일이면 한 과를 마칠 수 있겠죠? 그리고 한 달이면 대략 4과 정도를 할 수 있으니 두 달이면 중학교 책 한 권을 뗄 수 있습니다. 중학교 2학년 교과서가 끝났다면 중학교 3학년 교과서로 업그레이드하고, 또 3학년 책이 끝나면 고등학교 1학년 교과서로 레벨업 하세요. 마치 컴퓨터 게임에서 단계별로 미션을 클리어하고 다음 레벨로 올라가는 것처럼 말입니다.

중학교 영어 교과서 한 쪽에 나오는 영어 문장은 10줄 정도밖에 되지 않습니다. 원어민 발음을 듣고 10줄 정도의 문장을 크게 읽는 데는 약 15~20분 정도가 소요됩니다. 새로운 컴퓨터 게임을 처음 시작할 때 작동 미숙으로 조무래기 적들에게 어이없이 죽기도 하잖아요? 크게 읽기를 처음 할 때도 익숙하지 않아서 교과서 한 쪽을 읽는데 20분 이상이 걸릴 수도 있습니다. 하지만 습관 들이기가 다 그렇듯 차차 익숙해지면 교과서 한 쪽을 10분 만에도 마칠 수 있습니다. 만일 오늘 읽어야 할 분량에 그림만 있고 문장이 몇 줄 나오지 않는다면 그 페이지만 크게 읽으셔도 됩니다.

4) 처음에는 한 문장씩, 끝낼 때에는 섀도잉으로 읽어라

한 단락에 있는 문장들을 한꺼번에 읽지 말고 한 문장씩 끊어서 읽으세요. 먼저 원어민이 읽어주는 문장을 듣습니다. 한 문장이 끝나면 일시 정지 버튼을 누르고 교과서를 보면서 그 문장을 그대로 따라 합니다. 원어민의 억양과 발음 등을 최대한 비슷하게 따라 하려고 노력하세요. 만일 더듬거렸거나 읽은 것이 만족스럽지 않으면 다시 원어민 녹음 파일을 듣고 따라 하세요.

문장을 읽을 때는 작은 목소리로 속삭이듯 하지 말고 남들이 들을 수 있는 목소리로 크게 읽도록 합니다. 크게 소리

내서 읽는 연습을 하면 나중에 소리를 낮추고도 읽을 수 있지만 처음부터 작은 목소리로 연습하면 발표를 할 때나 남들과의 대화에서 큰 소리로 말하는 것을 주저하게 됩니다. 한 문장을 크게 읽고 난 뒤 다시 재생 버튼을 누르고 원어민이 녹음한 다음 문장을 듣습니다. 그리고 그 문장을 크게 읽습니다. 한 페이지에 있는 모든 문장을 방금 설명한 방식으로 크게 읽습니다.

모든 문장 읽기가 다 끝났다면 이제 첫 문장으로 돌아가 섀도잉 (shadowing)을 합니다. 섀도잉은 원어민이 말하는 것을 듣자마자 바로 따라서 말하는 영어 훈련 방법입니다. 영어를 잘하는 사람들은 원어민의 말만 듣고도 섀도잉이 가능하지만 우리는 아직 그 정도의 실력은 안 되니 교과서를 보면서 섀도잉을 합니다. 재생 버튼을 누르고 원어민이 말을 시작한 뒤 약 2초 뒤에 여러분도 똑같은 문장을 따라서 말하도록 하세요. 만일 섀도잉을 하다가 원어민의 말이 너무 빠르거나 더듬거려서 문장을 제대로 말하는 타이밍을 놓쳤다면 그 문장은 버리고 새로운 문장에서 다시 시작합니다. 완벽하게 섀도잉을 하지 않아도 됩니다. 원어민의 속도에 맞추어서 한 번 읽어 보았다는 느낌 정도면 됩니다. 한 페이지에 있는 모든 문장을 섀도잉으로 다시 읽었다면 오늘의 크게 읽기 훈련은 완료된 것입니다.

5) 강하게 읽어야 할 것, 약하게 읽어야 할 것을 구분하며 읽어라

문장에 있는 단어를 모두 또박또박 정확하게 발음하지 마세요. 강조할 부분은 강하게, 은근슬쩍 넘어가도 될 만한 것들은 약하게 발음해야지 문장을 리듬감 있게 읽을 수 있습니다. 문장을 읽을 때 강조해서 읽어야 할 단어들은 내용어(content words)입니다. 내용어란 명사, 동사, 형용사, 부정어 등 문장에서 중요한 정보를 담고 있는 단어를 말하는데 이런 단어들은 상대에게 정확하게 전달될 수 있도록 다소 강하게 발음해야 합니다. 반면 전치사, 관계대명사, 접속사 등은 문장의 구조를 만드는데 필요한 단어이기 때문에 약하게 발음해도 됩니다.

대부분의 언어가 그렇겠지만 영어 역시 단어와 단어가 만나면 연음 등의 발음 변화가 생깁니다. 영어 문장을 읽을 때도 이런 소리의 변화를 잘 살려서 읽어야 영어를 잘하는 것처럼 들립니다. 단어를 붙여서 읽을 때 지켜야 할 규칙은 아주 많지만 여기서는 가장 기본적인 4가지 규칙만 소개하겠습니다. 이 규칙들만 잘 지키며 읽어도 영어를 잘한다는 인상을 줄 수 있습니다.

(법칙 1) 단어를 뚝뚝 끊어서 발음하지 말고 앞 단어의 끝소리와 뒷 단어의 첫소리를 연결해 발음한다.
- talk about [터커바웃] Have you [해뷰] How was [하워즈] Isn't it [이즈닛]

(법칙 2) 의미가 없는 a, the, to, it 등의 단어는 앞 단어 소리에 연결되거나 아주 약하게 발음한다.
- have an apple [해번 애플] write the book [라잇 드 북] drink it [ㄷ즈링킷]

(법칙 3) 비슷한 소리의 자음이 연달아 나오면 일일이 다 발음하지 않고 한 번만 길게 발음한다.
- pleased to [플리즈~트] hard to [하~트] want to [원트] A bus shows [어 버~쇼우즈]

(법칙 4) [d], [t] 소리가 모음과 모음 사이에 있으면 입천장의 앞부분을 혀끝으로 가볍게 치면서 [ㄹ]에 가깝게 발음한다.
- why don't you [와이론츄] interested in [이너레스티린] forget about [포게러바웃]

---

* 출처 : 〈영어실천 프로젝트 52〉 (박용호, 길벗이지톡)

기본적인 연음 법칙 이외에도 여러분의 영어 발음을 업그레이드 시켜 줄 법칙들은 제가 따로 책을 써야 할 정도로 많이 있는데, 이런 법칙들은 인터넷 검색을 통해서 쉽게 찾을 수도 있고 영어 낭독이나 발음을 알려 주는 교재를 통해서도 접할 수 있습니다.

크게 읽기로
영어 공부
습관
기르기

글, 그림: 라이언

중학교 2,3학년 교과서로 시작하라

연설문으로 읽기 훈련을 하지 마라

내 연설문은
훈련에 적합하지 않아

하루 15분씩 꾸준히 연습하라

한 문장씩 끊어서 원어민의 녹음을
따라하라

큰 목소리로 읽어라

영어 잘하는 사람들의 작은 습관

에필로그

저는 그림을 그립니다. 제 책 삽화도 직접 그리고 싶은 마음에 2년 전부터 화실에서 일주일에 한 번, 두 시간씩 그림을 그리기 시작했습니다. 펜을 잡는 법부터 시작해서 선을 긋는 법, 수채화 그리기, 색연필 등의 다양한 도구를 활용하는 법까지 그림과 관련된 다양한 기술을 배웠습니다. 그러면서 나에게 가장 잘 맞는 그림 도구는 '태블릿 PC'라는 것을 알게 되었습니다. 지금은 태블릿을 활용한 드로잉을 본격적으로 하고 있습니다. 화실에서 일주일에 두 시간만 그림을 그려서는 실력이 많이 늘지 않는 듯해서 매일 30분 이상은 미술 숙제처럼 무언가를 그리고 있습니다. 태블릿과 노트를 항상 가방 속에 가지고 다니면서 시간이 날 때마다 눈앞에 있는 물건들을 그리고 있습니다.

물론 그림이 항상 재미있는 것은 아닙니다. 처음 석 달은 자리를 펴고 앉으면 한, 두시간이 어떻게 지나갔는지도 모를 정도로 그림을 그렸습니다. 하지만 그림에 깊이 빠져들수록 그리기가 점점 더 어려워졌습니다. 처음처럼 실력이 쑥쑥 느는 것 같지도 않고 나보다 더 잘 그리는 사람을 보면 괜히 질투가 나기도 했습니다. 어떨 때는 선 하나 긋는데 10분 이상이 걸리기도 했습니다. 재능도 없는데 괜히 그림 그리기를 '짝사랑'하는 건 아닌지 의구심이 들기도 했습니다. 이런 중에도 월요일 저녁이 되면 화실로 가서 꼬박 두 시간 동안 그림을 그렸고 펜과 종이만 있으면 앉은 자리에서 물건이나 사람을 그렸습니다. 2년 동안 그리기를 계속하다 보니 은연중에 '그리기 습관'이 생기기 시작했습니다.

그림과 관련된 저의 이야기는 해피엔딩으로 끝날 예정입니다. '그리기 습관' 덕분에 이 책의 모든 삽화를 제가 그릴 수 있었고 다른 나라에서 출간될 영어책의 삽화 역시 저의 작품으로 채워질 예정이기 때문입니다. '내 책의 그림은 내가 직접 그리겠다'는 꿈이 이루어진 것이죠.

제가 일주일에 한 번씩 화실에서 그림의 기본을 배운 것처럼 여러분들도 이 책을 통해서 '영어 공부 습관'을 어떻게 하면 기를 수 있는지 배웠다고 생각합니다. 잘못된 영어 공부 습관도 알게 되었고 제대로 영어를 익힐 수 있는 6가지 공부 방법도 구체적으로 배웠습니다. 이제는 여러분이 6가지 공부 방법을 하나씩 해 볼 차례입니다. 하루에 7개의 단어를 5번씩 쓰면서 암기하고, 미드는 공부하지 말고 즐기듯 시청하고, YA 영어 원서를 한 달에 한 권 정도 읽고, 좋아하는 영화는 세 번씩 보고, 영어 목록 쓰기로 하루를 시작하고, 중학교 교과서를 크게 읽으며 영어에 대한 자신감도 찾아야 합니다.

6가지 공부 방법이 모두 여러분에게 맞을 수도 있고, 그중 몇 가지만 맞을 수도 있습니다. 그럴 일은 없겠지만 불행하게도 어느 것 하나 나랑 맞는 게 없을 수도 있습니다. 그럼에도 불구하고 꼭 해야만 하는 일은 이 중에서 내가 즐겁게 할 수 있고 나에게 가장 잘 맞는 공부 방법을 찾는 일입니다. 그리고 제가 하루에 30분 이상 그림 그리기 연습을 하며 습관을 기른 것처럼 여러분도 자신만의 영어 공부 습관을 길러나가야 합니다.

영어는 많은 정보를 외워야 하는 암기과목도, 공식을 적용해서 풀이하는 논리 과목도 아닙니다. 책상에 앉아서 공부하는 과목이 아니라 음악, 미술처럼 약간의 이론 지식에 몸을 꾸준히 써 가면서 익히는 '예체능 과목'입니다. 재미있게 영어를 학습하세요. 그리고 습관처럼 입과 귀와 손과 눈을 써가면서 체험하도록 하세요. 이것만이 영어를 잘 할 수 있는 비법입니다. 영어를 통해서 여러분의 생활이 더 풍성해지기를 기대합니다.

영어 잘하는 사람들의 작은 습관

초판 1쇄 발행	2020년 1월 27일
지은이	라이언
펴낸이	김옥정
만든이	이승현
디자인	스튜디오진진
펴낸곳	좋은습관연구소
주소	경기도 고양시 후곡로 60, 303-1005
출판신고	2019년 8월 21일 제 2019-000141
이메일	lsh01065105107@gmail.com
ISBN	979-11-968611-1-7 (13370)

당신의 이야기, 당신의 비즈니스, 당신의 연구를 습관으로 정리해보세요.
좋은습관연구소에서는 '좋은 습관'을 가진 분들의 원고를 기다리고 있습니다.
메일로 문의해주세요.

네이버/페이스북/유튜브 검색창에 '좋은습관연구소'를 검색하세요.